José Trindade Santos

PARA LER PLATÃO

*A ontoepistemologia
dos diálogos socráticos*

Tomo I

Edições Loyola

Dados Internacionais de Catalogação na Publicação (CIP)
(Câmara Brasileira do Livro, SP, Brasil)

Santos, José Trindade
   Para ler Platão : a ontoepistemologia dos diálogos socráticos : tomo I / José Trindade Santos. -- 2. ed. -- São Paulo : Edições Loyola, 2012. -- (Coleção estudos platônicos)
   Bibliografia
   ISBN 978-85-15-03534-2
   1. Filosofia antiga 2. Platão I. Título. II. Série.

12-12913   CDD-184

Índices para catálogo sistemático:
   1. Platão : Filosofia   184

Projeto gráfico: Maurélio Barbosa
   Viviane Bueno Jeronimo
Preparação: Maurício Balthazar Leal
Capa: Viviane Bueno Jeronimo
Diagramação: Maurélio Barbosa
Revisão: Renato da Rocha

Edições Loyola Jesuítas
Rua 1822 n° 341 – Ipiranga
04216-000 São Paulo, SP
T 55 11 3385 8500/8501, 2063 4275
editorial@loyola.com.br
vendas@loyola.com.br
www.loyola.com.br

Todos os direitos reservados. Nenhuma parte desta obra pode ser reproduzida ou transmitida por qualquer forma e/ou quaisquer meios (eletrônico ou mecânico, incluindo fotocópia e gravação) ou arquivada em qualquer sistema ou banco de dados sem permissão escrita da Editora.

ISBN 978-85-15-03534-2

2ª edição: 2012

© EDIÇÕES LOYOLA, São Paulo, Brasil, 2008

SUMÁRIO

PREFÁCIO 9

INTRODUÇÃO. A interpretação do *corpus* platônico 19

**Virtude e saber
nos diálogos socráticos:
o *elenchos***

CAPÍTULO PRIMEIRO. O problema das refutações socráticas 43

CAPÍTULO SEGUNDO. Virtude e saber nos diálogos socráticos:
problemas 71

BIBLIOGRAFIA 109

INDEX LOCORUM 115

PREFÁCIO

1. *Para ler Platão* foi concebido para auxiliar aqueles que desejam ler e compreender os diálogos platônicos, em particular no que concerne à argumentação desenvolvida no domínio da ontoepistemologia. A obra aborda a interpretação dos diálogos pela conjugação de enfoques diferentes, agregando quatro perspectivas complementares.

A primeira procura captar os pressupostos e as finalidades visadas por cada diálogo. Que *pode* ter Platão querido dizer com cada obra escrita? *Para que a compôs*, a quem (e a que) se destinava? O texto de cada diálogo constitui uma unidade literária, materialmente definida por seus limites textuais. É a ela que esta perspectiva visa, perguntando pela intenção que assistiu à sua composição.

A segunda perspectiva debruça-se sobre o tema específico de cada diálogo, no contexto das circunstâncias referidas pela narrativa em que se inserem as personagens que nele participam. Presta atenção à diversidade de questões abordadas e à articulação de cada uma delas na unidade do texto.

Um bom exemplo desta estratégia acha-se numa possível análise do *Górgias*. A partir do tema "crítica da retórica", pode-se perguntar: Como se relacionam as refutações dos três interlocutores de Sócrates? Como se articula a crítica da concepção de ensino de Górgias com avaliação da retórica? Há alguma relação entre as concepções de poder de Polo e Cálicles?

A terceira perspectiva é a mais complexa e difícil de captar. Prende-se à possível relação de cada questão abordada num dado diálogo com a abordagem que recebe noutros. Abordando os textos numa perspectiva temática, visa implicitamente à unidade ideal do tratamento que essa questão recebe em vários diálogos.

Exemplos possíveis seriam: o tema do prazer no *Górgias* e no *Fédon*; a coragem no *Laques*, no *Protágoras* e na *República*; será possível definir a unidade do tema da virtude nos diálogos socráticos?

A quarta perspectiva atende à definição da possível unidade do *corpus* platônico. Podemos dizer que há um "pensamento" ou uma "doutrina" platônicos? É sabido que a tradição responde afirmativamente a esta pergunta, atribuindo a Platão um conjunto de doutrinas objetivamente ensinadas.

Mas é possível perguntar se esta unidade ideal resiste ao confronto com a dispersão por cerca de duas dezenas e meia de diálogos, dos quais o filósofo "Platão" se acha ausente? Defendemos que essas duas opções do autor dos diálogos têm sérias consequências filosóficas. Propomo-nos examiná-las com o intuito de avaliar a identidade do filósofo no conjunto de diálogos de que é autor. Mas a empresa é arriscada, por levar o historiador da filosofia a arriscar conjeturas que os textos não suportam.

Por essa razão, cada uma das perspectivas acima persegue um alvo inatingível, pois, mesmo que as suposições do intérprete conduzam a propostas interessantes, estas nunca poderão conquistar o consenso dos platonistas. Ao leitor crítico caberá a avaliação da aceitabilidade das propostas avançadas.

2. Como dissemos, a presente obra está subordinada ao enfoque temático da "ontoepistemologia dos diálogos". Com esta expressão queremos manifestar a impossibilidade de separar "saber" e "ser" nos argumentos que abordam a problemática do conhecimento do real, cuja função é capital em toda a obra dialógica.

O conjunto da obra foi concebido em três partes. A primeira, ora publicada, concentra-se no estudo do grupo de diálogos conhecidos pela designação "socráticos" e identificados com a figura do pensador "Sócrates".

É sabido que o "Sócrates histórico" não deixou qualquer obra escrita de sua lavra, sendo a sua existência atestada pelos testemunhos de três escritores: o comediógrafo Aristófanes, o polígrafo Xenofonte e o filósofo Platão. Dada a divergência dessas visões da mesma personalidade, a questão da fidelidade de cada uma delas à realidade histórica — a própria possibilidade de encontrar o verdadeiro Sócrates a partir dos dados que nos fornecem — parece ter perdido interesse hoje.

Do ponto de vista filosófico, o único aspecto que subsiste da "questão socrática" é o que pergunta pela presença de Sócrates na obra que Platão legou à posteridade. Verificada a impossibilidade de se chegar a uma posição consensual, a opção que seguimos é caracterizar "Sócrates" como uma personagem,

PREFÁCIO

ao lado de outras. Não nos parece, portanto, que os diálogos permitam conferir identidade doutrinal às posições que o mestre de Platão neles assume.

Encarando-os como obras ficcionadas, não nos sentimos obrigados a conferir historicidade às descrições pelas quais Platão será o único responsável, nem a garantir que as ideias expressas no nome de um ou outro pensador lhe possam ser atribuídas. Não descortinamos razões que nos permitam conferir a "Sócrates" a função de porta-voz de Platão.

Bem pelo contrário, "Sócrates" é aqui encarado como uma personagem literária, na boca de quem são postos teses, argumentos, opiniões, comentários e narrativas, oferecidos para animar o debate com seus sucessivos interlocutores. A interpretação que fazemos desse corpo doutrinal é sempre inserida no contexto dos respectivos diálogos, lembrando que seu autor, Platão, se recusa a atribuí-las ao filósofo, Mestre da Academia.

3. A estratégia interpretativa aqui delineada será avançada e defendida na "Introdução". Nas duas outras partes, compreendidas neste primeiro volume, são sucessivamente abordados dois problemas de amplas dimensões.

O primeiro é o da metodologia seguida por Sócrates em suas refutações — o *elenchos* — e da concepção de saber nela implícita. Embora encaremos "Sócrates" como a personagem dos diálogos sobre quem recai a tarefa de conduzir as investigações, cremos ser possível atribuir à metodologia de "pergunta e resposta", a que submete seus interlocutores, consistência bastante para a avaliarmos como uma concepção de saber definida, subjacente aos diálogos, embora nunca diretamente debatida.

O segundo problema tem a ver com as questões específicas tratadas neste grupo de diálogos: a natureza da virtude, sua unidade e sua diversidade, o modo de sua aquisição e a possibilidade de ensiná-la. A par destas abordaremos os relevantes problemas específicos postos por cada uma das virtudes. É neste rico complexo problemático que inserimos o tema, sem interpretarmos as teses propostas como "doutrinas platônicas".

3.1. O problema fulcral da Introdução é o da escrita dialógica. Platão é o único filósofo da tradição que de uma forma sistemática transmite mensagens filosóficas na forma de diálogos. Essa opção não é casual e acha-se justificada no *Fedro* e na *Carta VII* (ver a Introdução). Afeta tanto a produção das mensagens como a sua interpretação. Há, pois, que considerar as implicações da escrita dialógica na interpretação da obra platônica.

Dessa conclusão resulta um novo problema. Se, ao contrário da generalidade dos filósofos, Platão não assume a paternidade das ideias que transmite em suas obras, com que direito lhe atribuímos doutrinas ou um "pensamento próprio"? É claro que não poderemos responder a essa pergunta enquanto não tivermos formado uma posição sobre a finalidade a que serve a composição de diálogos.

Todavia, como Platão nunca se confrontou com essas perguntas — nem poderia, pelo fato de ter escrito diálogos —, o intérprete tem que propor conjeturas infundadas para interpretar os diálogos, na certeza de que sua interpretação nunca será consensualmente aceita.

Essas considerações obrigam o leitor, como já obrigaram o intérprete, a debruçar-se sobre o modo como se aproxima dos diálogos platônicos. Seja qual for a posição a que chegue, é indisputável que a interpretação de Platão lhes impõe regras totalmente distintas daquelas a que atendem os leitores da generalidade das obras filosóficas.

3.2. A questão das refutações socráticas nasce de uma cadeia de equívocos, alimentados pela tradição. O primeiro é motivado pela confusão de "Sócrates" com o Sócrates histórico. Pensou-se durante muitos anos que Platão teria de contar verdades sobre o seu mestre, para não correr o risco de ser desmascarado caso mentisse.

Logo aí se nota o erro de assimilar a empresa da composição de textos na Antiguidade ao modo como tem sido vista nestes dois últimos séculos. "Verdade" e "Falsidade" não permanecem como categorias intocáveis ao longo dos séculos; nem sequer são encaradas em literatura como costumam ser em filosofia. A pergunta implícita a essas objeções é se, lendo os diálogos como obras ficcionadas, poderemos buscar verdade neles.

Um segundo erro muito comum consiste em encarar esses diálogos como reportagens de conversas reais, a que Platão teria assistido. Não há dúvida de que a oralidade se acha bem viva nessas brilhantes peças dramáticas, onde não falta pirotecnia sofística. Boa parte do texto pode ter sido inspirada por debates e confrontos reais. Nada nos obriga, contudo, a aceitar a historicidade dos eventos relatados. Nem vemos razões que obriguem a atribuir a personalidades históricas as opiniões expressas pelas personagens homônimas do diálogo.

Pois é evidente que a complexidade da estrutura dialética não se compadece com o caráter improvisado de conversas autênticas. Não será preciso invocar a articulação da argumentação no *Górgias* ou a filigrana dramática do *Protágoras* para apontar a implausibilidade de sua manifestação numa troca de palavras real. Parece indubitável que os diálogos devem ser considerados obras de gênese escritural, pelas quais o único responsável será o autor ao qual a tradição os atribuiu.

PREFÁCIO

Um aspecto menor dessa confusão acha-se condensado nas inúmeras tentativas de descrever o caráter e a ideologia de Sócrates, como se de um homem de carne e osso se tratasse. O erro reside no excesso psicologista, que consiste em conferir motivações e objetivos críveis a uma personagem ficcionada. Haverá uma dose de verdade na descrição que Platão faz de Sócrates, quanta não poderemos saber. Mas será mais provável pensar que Platão quis fazer de seu mestre um exemplo para a humanidade. Não oneremos com a exigência de autenticidade as vivas descrições que nos legou!

Mas a mais pesada consequência desse exagerado culto à historicidade será a avaliação da famosa denegação socrática do saber. Boas razões foram apontadas para interpretá-la de diversas perspectivas: sejam psicológicas, filosóficas ou religiosas. Nasceram assim os Sócrates "irônicos", "cínicos" ou "místicos".

Como se trata de interpretações, é claro que não podem ser desprovadas. Todavia, a análise dos textos revela que é muito mais plausível que a rejeição do valor do saber humano assente no rigor da exigência do saber infalível do que no perfil psicológico ou ético do homem. Na verdade, haverá todo um programa de pesquisa coerente que poderá explicá-la — o da filosofia, ou "amor ao saber" —, sem que se torne necessário recorrer a justificações infundadas.

Um último tópico vem a propósito referir. É notório que Sócrates sempre consegue refutar seus interlocutores. Como se poderá explicar que seja tão bem-sucedido numa empresa tão vasta, que ainda por cima aparenta ser puramente destrutiva? Afrontaremos esta questão explorando uma tese disputada: a de que a metodologia socrática não visa descobrir a verdade acerca daquilo que pergunta, mas exemplarmente "purgar" os interlocutores das crenças acríticas que defendem. Não é a resposta correta que Sócrates busca do interlocutor — nem ela poderia ser avaliada pela metodologia usada —, mas a aprendizagem da via que poderá vir a proporcionar-lha.

3.3. O terceiro capítulo desta exploração dos diálogos "socráticos" prende-se ao foco temático dominante no grupo: a problemática da virtude. O primeiro ponto a que dedicaremos atenção é o do primado da perspectiva autonômica nas concepções éticas gregas antigas.

A circunstância de até a era cristã os gregos não terem uma religião revelada coloca suas propostas éticas num contexto cultural muito diferente do nosso. Perante o silêncio dos deuses ou a consabida ambiguidade de seus pronunciamentos, é do próprio homem que se espera a definição dos princípios que comandam a ação.

A concepção tradicional da *aretê* — "excelência" ou "perfeição" —, desenvolvida nos poemas homéricos para condensar a conduta de uma sociedade predatória, evolui, ao longo do século V a.C., mercê dos questionamentos e propostas de sofistas e filósofos, até se implantar como ética.

O estudante pouca noção terá desse processo, pois a tradução corrente de *aretê* é quase sempre aquela que reflete o tratamento conferido à noção nos diálogos platônicos: "virtude". É até levado ao anacronismo de ler as críticas dos sofistas ao código de valores homérico, historicamente anteriores à composição dos diálogos, como uma relativização da "Verdade" platônica.

Mas a história deve ser lida às avessas. A concepção platônica de "verdade" corrige o infalibilismo das posições sofisticas. De resto, o interesse que os diálogos socráticos patenteiam pelo tópico representa o início do momento terminal do processo de constituição da ética como "ciência", ou seja, sua abordagem pela reflexão. Depois disso, como veremos, a investigação orienta-se para a epistemologia.

Nesse sentido, a pergunta "o que é?" cada uma das virtudes ou o todo da virtude constitui a tentativa de arrancar o princípio determinante da ação para fora do contexto prático em que se manifesta, inserindo-o no contexto teórico da reflexão. Por essa razão os generais não sabem o que é a coragem, os especialistas em questões religiosas ignoram o que é a piedade e os sofistas não conseguem ou não querem dizer o que é a virtude.

O ideal do saber infalível referido aos deuses, mas colhido no Poema de Parmênides — implica a ineficácia de qualquer tentativa humana de usar a experiência individual como parâmetro cognitivo (*Apologia de Sócrates* 23a-b). No entanto, Sócrates não põe em causa e pelo contrário reforça o ponto de vista segundo o qual cada um deve, por si, buscar o princípio que rege a sua conduta (*Apologia* 38a). Não será por o saber ser inatingível que um homem pode desistir de buscá-lo: este é o princípio sobredeterminante da concepção autonômica da ética (*Mênon* 86b-c).

Mas os diálogos mostram que a tentativa "socrática" de introdução da reflexão ética motiva reações bem diferentes. Os generais podem aceitá-la com condescendência, o adivinho reage com legítima perplexidade, mas os sofistas, os oradores e homens públicos rejeitam-na com uma veemência que roça a arrogância.

Contra eles, Sócrates será, portanto, obrigado a definir uma nova estratégia. É ela a de contestar a legitimidade da aspiração dos sofistas a exercerem um saber, enquanto se mostrarem incapazes de "prestar contas" dele. E nenhum outro tópico será melhor candidato a se constituir como o terreno em que o confronto se desenrola que o da natureza da virtude e da viabilidade de seu ensino.

No domínio de cada virtude específica, porém, o combate é menos aguerrido, pois os opositores não são forçados a se defender tão encarniçadamente. Aí cada

PREFÁCIO

virtude exibe o problema que lhe é próprio. A coragem resiste a ser encarada como saber, ninguém possui a sabedoria, e a natureza relacional da *sôphrosynê* ("sensatez", "autodomínio", uma espécie de "sabedoria prática") e da justiça manifesta sua difícil inserção num terreno, ao mesmo tempo, individual e político.

Esse duplo contexto implica que sua análise transite do confronto com um opositor individual para o espaço da *polis*, onde deverão ser inseridas. Mas a tentativa não é fácil de concretizar, nem coroada de sucesso, pois a cidade real, aquela em que todos convivem, não pode mais balizar a pesquisa.

Tal circunstância determina o encerramento do debate sobre a virtude e a abertura de uma nova frente, no campo dos pressupostos da investigação/confronto ético. A mudança de perspectiva desenrola-se gradualmente no *Mênon*, no *Fédon* (onde há uma pontual referência à virtude) e na *República*. Em todos estes anuncia a necessidade de adotar um novo enfoque para a pesquisa: o terreno próprio do saber.

É no *Mênon* que podemos sentir a transição a dar-se. O diálogo começa com perguntas sobre a natureza da virtude e termina por uma muito controvertida avaliação da relação entre opinião e saber. Ora, no grupo socrático, nunca a opinião recebe uma avaliação positiva. Como justificá-la? É difícil responder à pergunta, pois, a despeito da relevância que lhe é conferida no diálogo, a tempestuosa análise a que é submetida acaba por deixá-la dissolvida no saber.

De resto, se a questão do saber nunca é aí diretamente tratada, para que aponta a remissão? Nada mais, nada menos do que para a identidade formal entre virtude e saber, da qual depende toda a possibilidade de ensino/aprendizagem. De modo que o paradigmático diálogo de Sócrates com um escravo de Mênon institui a opinião como a única via de acesso ao saber. A abordagem da questão, porém, terá de ser interrompida, pois só poderá ser avaliada no contexto da reminiscência.

3.4. A perspectiva desenvolvida e aplicada neste trabalho diverge da habitual nas obras que se dedicam à abordagem global da obra platônica. Embora não tenhamos abandonado de todo a ideia da evolução do pensamento platônico, o princípio de acordo com o qual uma suposta cronologia da composição dos diálogos pode lhe dar suporte é totalmente ignorado.

Não só os "antes" e "depois", a par do uso dos perfeitos, presentes e futuros verbais, para relacionar diálogos alegadamente compostos em sucessivos "períodos" da produção platônica, como a própria ideia de determinar a evolução ideológica de Platão a partir de uma idealizada cronologia dos diálogos foram descartados.

O resultado será uma abordagem tendencialmente unitária da obra dialógica, sempre matizada pela convergência das perspectivas temáticas, em seus âmbitos respectivos, expressa pelas quatro perspectivas referidas acima.

A justificação do abandono da concepção genético-evolutiva é apresentada na Introdução, mas inspira-se nos dois princípios apontados por Schleiermacher:

a. o estudo de Platão é feito a partir dos diálogos;
b. a visão subjacente ao conjunto é tendencialmente unitária, explicando-se as divergências por exigência da exposição.

Seja como for, é certo que o pensamento platônico — se é possível defini-lo — não pode ser captado como são os dos outros filósofos, por duas razões de peso. Por um lado, em razão das regras determinadas pela opção da composição dialógica; por outro, motivada pelo efeito de distanciação, provocado pelo não compromisso de Platão com as teses expostas nos diálogos.

Mas a ideia de uma evolução não pode ser de todo erradicada da interpretação, porque os diálogos devem ter levado uma vida inteira a compor. E a experiência mostra que ninguém pensa exatamente o mesmo e do mesmo modo durante a sua vida toda, muito menos um filósofo.

Essa conclusão aparentemente conduz à rejeição do princípio que acabamos de enunciar: o de que a "filosofia platônica" se encontra nos diálogos. Mas a contradição é aparente, porquanto nunca pretendemos dizer "onde" a filosofia platônica se encontra. Apenas enunciamos, como princípio diretor deste trabalho, a intenção de estudar os diálogos sem tomar posição sobre a questão de saber se a filosofia platônica — a haver uma — se encontra ou não neles.

De resto, a divergência poderá não ser tão grave quanto aparenta, pois, mesmo que não haja uma "filosofia platônica", há filosofia que chegue nos diálogos de Platão. De nosso ponto de vista, o filósofo debate neles de forma prolongada as consequências do princípio que confere unidade à sua obra: a identidade do saber e do ser, que colhe do Poema de Parmênides.

A primeira consequência da elaboração deste princípio nos diálogos é a proposta de uma ciência ética, à qual se chegará pela reflexão. A segunda reside na deslocação da pesquisa para o estudo dos pressupostos dessa concepção de ser e saber. Assim se estrutura a teoria das Formas (TF). A terceira consequência dá conta de algumas, porém sérias, insuficiências da TF para proporcionar a compreensão do modo de funcionamento do mundo sensível. Será a insatisfação com sua própria aceitação do princípio eleático a induzir Platão a reformulá-lo.

É por esse motivo que os diálogos socráticos exibem um caráter proléptico. Anunciam concepções neles não explicitamente desenvolvidas, mas das quais a investigação neles descrita resulta. A prolepse poderá ser também encarada

PREFÁCIO

como produto de um trabalho de aprofundamento. Nele acha-se contida uma evolução. Na realidade, porém, essa evolução realiza-se pelo regresso ao exame dos princípios comuns a todos os diálogos.

É esse o motivo pelo qual os diálogos podem ser agregados em grupos, definidos por um tema, neste caso "a virtude", ao qual se acha associada uma metodologia de investigação: o *elenchos*. Nos outros grupos, tema e metodologia não se mostram com tanta nitidez. Nos diálogos considerados "médios", o tema é a TF, e a metodologia, a hipótese. Os diálogos "tardios" não exibem propriamente um tema e uma metodologia, mas obedecem ao programa da revisão dos pressupostos da TF.

4. Para poder captar a unidade desse programa e a articulação dos elementos que o compõem, o estudioso é obrigado a recorrer constantemente aos diálogos. O objetivo que presidiu à elaboração deste trabalho foi fornecer um roteiro que lhe permita orientar-se no labirinto do *corpus* platônico.

*

A obra vem provida de dois índices: um dos tópicos estudados, outro das passagens comentadas, organizado com a finalidade de possibilitar ao leitor o acesso rápido aos *loci classici* da argumentação platônica sobre os diversos tópicos, com referência aos diálogos relacionados.

Termino expressando a Marcelo Perine o meu agradecimento pelo estímulo dado à minha proposta de publicação deste trabalho.

JOSÉ TRINDADE SANTOS
João Pessoa, setembro de 2007

INTRODUÇÃO

A interpretação do *corpus* platônico[1]

1. Obstáculos à interpretação do pensamento platônico

Para se poder captar a linha de interpretação da filosofia platônica seguida neste trabalho, é conveniente assimilar os princípios em que se baseia, a seguir enunciados. Eis uma breve exposição da perspectiva pela qual é aqui abordada a obra platônica.

A interpretação do *corpus* platônico nunca deixou de colocar aos que o estudaram problemas maiores ou pelo menos significativamente diferentes dos que são postos pela obra de qualquer outro pensador. Essa maior dificuldade, sentida ao longo dos séculos, deve-se a uma ampla diversidade de fatores. De um lado, estão os que se referem ao nosso conhecimento da literatura e da cultura gregas e se ligam às circunstâncias que assistem à composição, na Atenas do século IV a.C., das duas obras que lançaram as bases do pensamento ocidental: as de Platão e Aristóteles. Outro aspecto da dificuldade é ocupado pelos fatores estilísticos e literários, além dos propriamente filosóficos.

Os primeiros merecem a maior atenção e serão tratados adiante. Os segundos têm a ver com a linguagem adotada pelo escritor e filósofo; recheada de metáforas, nitidamente próxima da oralidade, algumas vezes espraiando-se em descrições de ambientes e de personagens, surpreendidos em amena conversação,

---

[1]. Este texto retoma parcialmente as ideias expostas em Há uma filosofia platônica?, in Paula de VIVEIROS (org.), *Aprendizagem e desenvolvimento*, Lisboa, 2004, 313-320.

outras envolvendo-se em argumentos que comprimem em poucas linhas uma longa e complexa análise. Entre estes últimos, destaca-se ainda a utilização da analogia e do paradigma, cuja finalidade é dar a ver aquilo a que o homem comum, ouvinte e leitor da obra, não tem acesso, que pode constituir um objetivo a atingir ou integrar-se num projeto.

Podemos sintetizar os acima enumerados na característica que a todos determina: a da opção pela escrita dialógica[2], oposta à da composição de tratados de filosofia. Nas obras desse segundo tipo — a esmagadora maioria das que constituem a tradição filosófica —, o autor escreve *no seu nome próprio*. Sustenta nas obras as teses que dirige ao seu público e pretende que sejam reconhecidas como constituindo o seu pensamento ou a sua doutrina.

O fato é amplamente reconhecido e tem sido objeto de muitas explicações. Mas nenhuma delas nos parece prestar a devida atenção à circunstância de a composição de diálogos refletir menos um artifício literário do que constituir uma opção filosófica deliberada. É nosso objetivo mostrar aqui as consequências a que conduz o respeito por esta opção.

Partamos de uma constatação arriscada e poucas vezes mencionada. A obra e a filosofia de Platão sempre constituíram realidades distintas, pelo menos por duas razões. Em primeiro lugar porque a leitura dos diálogos só gradualmente pode proporcionar a compreensão da filosofia platônica. Os diálogos constituem um conjunto de peças autônomas, nas quais, inseridos em narrativas dramáticas, encontramos teses, argumentos, debates, reflexões pessoais, unificados por investigações sobre questões bem definidas. A par destes, encontramos mitos, digressões, interlúdios, amalgamados num todo impossível de sintetizar numa concepção unitária, *inquestionavelmente defendida por Platão*, como tal, aceita e reconhecida por todos.

Isso significa que não se possa falar de uma "filosofia platônica"? Não — e aqui entra a segunda razão acima apontada —, porque a visão unitária se colhe a partir dos comentadores, nas obras em que os estudiosos de Platão se

---

2. Dos 35 diálogos e 13 cartas que a Antiguidade atribuiu a Platão, apenas 25 diálogos e um discurso (a *Apologia de Sócrates*) são hoje indisputavelmente considerados de sua autoria. Esta conclusão, aceita pela maioria, mas não pela totalidade dos estudiosos do platonismo, resulta de uma investigação iniciada sistematicamente na Alemanha, no início do século XIX, por Ludwig Schleiermacher (*Platons Werke*, Berlin, 1807-1828), depois assumida e continuada pela comunidade dos estudiosos do platonismo. Uma descrição, condensada mas abrangente, das transformações pelas quais passou a interpretação de Platão encontra-se em E. N. TIGERSTEDT, *Interpreting Plato*, Stockholm, 1977; ver ainda, do mesmo autor, *The Decline and Fall of the Neoplatonic Interpretation of Plato*, Stockholm, 1974.

manifestam quer como intérpretes, quer como críticos da estrutura ideológica *por eles próprios forjada, a partir da sua leitura dos textos*, sob a designação de "doutrina" ou "pensamento platônico".

2. Brevíssima referência à evolução da crítica platônica

Se pensarmos que o primeiro deles foi Aristóteles, perceberemos que desde sempre aquilo a que se chama a "filosofia platônica" não se acha exposto na obra de Platão, mas na crítica sistemática que o Estagirita dirige ao seu Mestre na Academia. É ele o responsável pela atribuição a Platão de um conjunto de concepções, teorias e doutrinas que os diálogos não individuam, nem identificam como tais, cuja autoria não atribuem ao Mestre da Academia, nem sequer categoricamente defendem. Referimo-nos às muitas "teorias" platônicas correntes, que todos conhecem: das "Formas", do "amor", da "reminiscência", da "participação", às diversas versões da "dialética", aos métodos "elênctico" e "hipotético" etc.

Por outro lado, e aqui acrescem delicados problemas de interpretação, dá-se o fato de, em nome de Platão, Aristóteles se referir tanto a doutrinas produzidas no seio da Academia, das quais terá tido conhecimento direto, como a pontuais referências, colhidas dos diálogos, algumas devidamente assinaladas[3], outras não.

A esta dualidade os intérpretes reagiram de diversos modos ao longo dos tempos. O mais natural consistiu em construir a sua própria abordagem do platonismo — naturalmente iniciada na escola —, condicionando o estudo dos diálogos à perspectiva unitária e crítica devida a mestres, a compêndios e, acima de todos, a Aristóteles, muitas vezes lido antes do próprio Platão.

Esta situação modificou-se subitamente no início do século XIX. A recepção concedida às edições da obra platônica, assinadas por L. Schleiermacher e Ludwig Ast[4] — a primeira, em grego e alemão; a segunda, em grego e latim —, possibilitou o fácil acesso ao conjunto da obra de Platão. Foram elas que proporcionaram aos estudiosos a oportunidade de estudar exaustivamente os diálogos

---

3. Algumas das quais — que referem os diálogos pelos seus nomes — são capitais para atestar sua autoria por Platão. Outras — por exemplo, as doutrinas do "uno e da díade indefinida", das "coisas matemáticas" (*Met.* A6, 987b15 ss.) — levantam o problema de encontrar nos diálogos base para a atribuição do Estagirita.

4. L. AST, *Platons Leben und Schrifften*, Leipzig, 1816; *Platonis quae extant opera* I-IX, 1809-1822; *Lexicon platonicum, sive vocum platonicarum index* I-III Darmstadt, 1956 (1. ed. 1835-1838). A estes se acrescentará a enorme influência exercida pelas *Lições sobre a história da filosofia* (*Vorlesungen über die Geschichte der Philosophie*), de HEGEL.

e de localizar neles as teorias criticadas pelo Estagirita. Mas o longo trabalho de reinserção nos diálogos das teses atribuídas a Sócrates pode ter forçado os textos, porque as teorias neles buscadas não são "teorias", nem "platônicas", e podem ainda não apresentar as características que Aristóteles lhes atribui.

Desta tentativa derivou uma outra ainda[5], levada a cabo a partir do final do século XIX, que aceita parcialmente a anterior, mas tenta preservar a interpretação dos diálogos da contaminação pela leitura aristotélica do platonismo.

No fundo, essas duas tendências refletem a interdição de Schleiermacher, que, contra o complexo doutrinal produzido por Aristóteles, propôs a concentração do estudo de Platão no exame da sua obra escrita, considerada Autógrafa.

Foi esta decisão que, a partir da segunda década do século XIX, determinou o futuro da crítica contemporânea de Platão, desde logo obrigada a respeitar dois princípios incompatíveis: de um lado, a unidade ideológica que caracteriza uma filosofia; de outro, a dispersão com a qual esta se apresentava.

3. Fatores literários e culturais: unidade do pensamento *versus* dispersão do *corpus*

Para resolver, ou superar, o problema da sua integração num sistema[6], ou numa filosofia sistemática, a crítica propôs as três leituras da obra platônica adiante referidas. Mas sua interpretação obriga a atender a duas questões prévias, mal esclarecidas: a da dispersão e a da natureza dialógica do *corpus*, e suas consequências na interpretação dos textos. Com elas, entramos no estudo dos primeiros fatores antes apontados.

---

5. Perseguida sistematicamente por P. SHOREY, em *The Unity of Plato's Thought*, Chicago, 1903; *What Plato Said*, Chicago, 1933, e H. CHERNISS, em *Aristotle's Criticism of Plato and the Academy*, Baltimore, 1944, e *The Riddle of the Ancient Academy*, California U.P., 1945.

6. Para o idealismo alemão e para Hegel, em particular, "a verdadeira figura na qual a verdade existe só pode ser o sistema científico dessa verdade" (*Fenomenologia do Espírito*, Prefácio, § 2; (trad. fr. J. Hypppolite, Paris [s.d.], 8). Esta tese comanda a concepção de filosofia esposada pela grande maioria dos filósofos alemães do século XIX, exceto Nietzsche e os seus influentes discípulos. Para a avaliação hegeliana do valor e dos limites da escrita dialógica, ver *Lições sobre a história da filosofia* (*Vorlesungen über die Geschichte der Philosophie* VIII, Ed. Garniron-Jaeschke, Hamburg, 1996, 178-186). A relevância das posições hegelianas sobre a interpretação de Platão decorre da influência que exerce ou recebe de Schleiermacher e sobre a crítica alemã até os nossos dias.

A INTERPRETAÇÃO DO CORPUS PLATÔNICO

A primeira pergunta pela espécie de unidade que se poderá atribuir a um conjunto tão extenso de obras, que se presume resultarem de toda uma vida de produção. A segunda liga-se à singularidade que a preferência pela composição na forma dialógica constitui. Mas é claro que as duas questões convergem na interrogação acerca da unidade ideológica — da *filosofia*, se há uma — que se poderá colher da leitura desta diversidade de obras, majoritariamente constituídas por investigações, ou debates, em que se confrontam personagens e teses. A estas, pelo fato de poderem ser historicamente atribuídas a personagens identificadas, é conferido um valor documental. Todavia, esta paternidade, associada à ficção literária, não impede que sejam lidas como criações ideológicas, pelas quais Platão será o único responsável.

Deste esforço de sistematização do pensamento platônico deriva um conjunto de hipóteses acerca da composição do *corpus*, a primeira das quais assenta no pressuposto cronológico. Esperando-se que, em razão de suas dimensões e da diversidade ideológica que exibe, sua composição se estenda ao longo de toda a vida ativa do filósofo e escritor — 50 a 60 anos —, torna-se necessário determinar a ordem cronológica da sua composição. Estabelecida esta, poder-se-á determinar o seu crescimento interno, a evolução ideológica que — *como ocorre com a generalidade dos pensadores* — não deixará de refletir.

4. Pressupostos da interpretação evolutiva do pensamento platônico

Este princípio decorre diretamente dos anteriores, todavia implica três pressupostos, não formulados, que haverá motivos para pôr em causa. O primeiro é que é possível determinar a ordem de composição dos diálogos platônicos. O segundo é que — uma vez estabelecida — esta tornará evidente a *evolução do pensamento* do seu autor. O terceiro e mais importante é que as teses que encontramos nos diálogos são da autoria de Platão e representam o seu pensamento, em formação, no momento da composição da obra.

Acontece, contudo, que, como cada um deles é eminentemente criticável, a articulação dos três dá origem a uma concepção totalmente infundada. Em primeiro lugar é evidente a impossibilidade de defender, com base em critérios externos, qualquer ordem de composição dos diálogos. Não só falta informação sobre ela, como nem sequer é possível determinar o que é exatamente "composição" e distingui-la de "publicação". É evidentemente impossível determinar a aplicação destas noções na Antiguidade, distinguindo-as das hoje correntes.

Na ausência de testemunhos, perguntamos quantas leituras públicas de um manuscrito são necessárias para que contem como "publicação". Por outro lado, tratando-se de exemplares copiados manualmente, em número que desconhecemos, é claro que nada impede seu autor de os modificar e remontar, trabalhando sobre eles à vontade o tempo que quiser[7].

Desfeito o sonho da determinação de uma cronologia objetiva e consensual — associada ao da impossibilidade de fixação de uma data para a "edição" da obra —, torna-se evidentemente impossível determinar uma evolução. Mas, mesmo se houvesse datas, perguntamos que garantia haveria de uma datação relativa refletir a gênese das teses contidas na obra. Notemos que isso só acontece num universo cultural letrado, como o nosso, em que a publicação impressa assinala o próprio momento em que a criação das ideias do autor conquista a difusão, que por sua vez lhe vai conferir reconhecimento público.

Finalmente, chegamos ao mais incontornável obstáculo posto pela interpretação dos diálogos platônicos. No debate que opõe as personagens, que garantia há de as teses que, de perspectivas opostas, são formuladas representarem o "pensamento do seu autor"? Em que informação nos apoiamos para converter Sócrates, Timeu, o Hóspede de Eleia ou o Ateniense — para mencionar só os mais significativos — em "porta-vozes" de Platão? A questão é complexa e profunda, pois é evidente que nada impediria Platão — *mesmo não deixando de optar pela escrita de diálogos* — de se transmutar em personagem, assumindo a autoria das teses defendidas.

É claro que todas essas objeções ganham corpo e sentido a partir do tipo de utilização que Platão projetou para sua obra, no seio da Academia e fora dela, embora seja arriscado supor que esperou que fosse lida e criticada 24 séculos depois da sua morte. Porém, uma vez mais, falta-nos, em absoluto, qualquer informação.

Como cada uma delas é discutível (note-se em particular o nosso desconhecimento da data de composição do diálogo, a par do fato de a fixação manuscrita permitir um número indefinido de transformações posteriores do texto original), seu encadeamento mostra-se insustentável.

---

7. DIONÍSIO DE HALICARNASSO, *De compositione verborum*, 208 ss., Reiske, sustenta que Platão trabalhou os diálogos: "... polindo-os e tecendo-os e reordenando-os de toda a maneira" (a partir da tradução de Rhys ROBERTS, *On Literary Composition* XXV, London, 1910).

A INTERPRETAÇÃO DO CORPUS PLATÔNICO

4.1. A estilometria

Parece-nos impossível argumentar com sucesso contra esta cadeia de objeções. No entanto, contra a primeira foram esboçadas diversas tentativas, todas baseadas na crítica interna dos textos. Apesar de nenhuma delas ter conseguido ganhar o consenso dos intérpretes, algo se ganhou com a sua formulação que não fosse a certeza de que não produziam respostas duradouras.

Houve quem anunciasse triunfalmente que o problema seria resolvido pela determinação de um tópico, revelador da evolução[8], que seria a epistemologia. A tentativa conseguiu criar uma unidade temática no *corpus*, acrescentando um valioso comentário, que contribuiu para o protagonismo da epistemologia na filosofia platônica. Todavia, passado mais de um século, mostrou-se incapaz de servir de apoio a uma leitura evolutiva da obra platônica, dado que cada nova interpretação apresentada invariavelmente aponta uma cronologia diferente.

Mesmo assim, outras, mais ou menos felizes, se inspiraram no seu exemplo, tentando definir os princípios articuladores do pensamento de Platão. Contudo, embora algumas eventualmente conseguissem esboçar sínteses brilhantes, nenhum resultado produziam em termos de fixação de uma evolução, consensualmente aceita[9].

Revelando-se a impotência da crítica externa e circulares as tentativas esboçadas a partir da interpretação ideológica da obra, ainda no século XIX outra via surgiu, prometendo fixar a evolução sobre bases objetivas. Foi a tentativa da estilometria, que se baseava na hipótese da coerência interna do estilo literário de Platão.

Contando a frequência de termos não significativos, como partículas de ligação, fórmulas de assentimento ou a estratégia adotada para desfazer o hiato, esperaram poder definir unidades diferenciadas nos grupos de obras. A natureza objetiva deste método representou um avanço, pois cada nova aplicação — e muitas houve desde o final do século XIX — não pôde deixar de apresentar resultados, aos quais, um século mais tarde, o uso do computador veio dar apoio

---

8. É o caso de W. LUTOSLASKI, *The Origin and Growth of Plato's Logic*, London, 1897.

9. Salientamos H. RAEDER, *Platons philosophische Entwicklung*, Leipzig, 1905; além dos estudos de J. STENZEL, traduzidos e agrupados por D. J. ALLAN, *Plato's Method of Dialectic*, Oxford, 1940; ou, mais tarde, W. J. PRIOR, *Unity and Development in Plato's Metaphysics*, London/Sydney, 1985.

seguro. No entanto, como denunciam os críticos[10], o tão esperado consenso nunca veio a verificar-se.

Esta conclusão, puramente negativa, não prova, contudo, que se tenha mostrado impossível chegar a algum consenso sobre questões fundamentais. Adiante voltaremos ao assunto.

5. Há teses platônicas nos diálogos?

Respondendo em termos de puro bom-senso, é óbvio que tem de haver! Quais, precisamente, é que é difícil estabelecer com rigor. Acima de tudo, revela-se excessivamente arriscado conferir aos diálogos uma função doutrinal, entrevendo *em cada debate de Sócrates* a tese platônica: a lição que ele pretende inculcar nos leitores.

Por outro lado, é claro que há estruturas, argumentativas ou argumentadas, iniludivelmente platônicas, recorrentes nos diálogos, às quais nos podemos ater: o método da pergunta e resposta, a concepção política da virtude como saber, o dualismo sensível/inteligível, a hipótese de Formas inteligíveis, cujo poder regulador do sensível é reafirmado em diferentes diálogos, uma teorização coerente sobre a alma e o amor, a concepção do saber como reminiscência serão alguns.

Mas parece-nos um erro supor que se trata de concepções dogmaticamente sustentadas e impostas ao leitor, que constituem a lição, oculta ou manifesta, a extrair da leitura da obra, expressa em "razões de ferro e diamante" (*Gór.* 509a), que só um néscio se atreverá a negar.

É claro que sobre este ponto o mais que se pode esperar é uma concordância sensata, expressa em "confrontos amáveis" (*Carta* VII 344b5), até porque *nada do que aqui se adiantou constitui novidade alguma para platonistas!*

Do nosso ponto de vista, os diálogos são lugares de reflexão, nos quais as ideias fluem livremente, defendidas como hipóteses oferecidas ao leitor. Platão investe tão decididamente no caminho do inteligível que não vemos razão para "acreditar" nele mais do que apostar no valor dos seus projetos e das suas espe-

---

10. Citamos apenas H. THESLEFF, *Studies in Platonic Chronology*, Helsinki, 1982. O autor apresenta 132 cronologias, compreendidas entre 1792 e 1981. Por exemplo, o *Crátilo*, para 28 autores, situa-se no primeiro período, para 33 no segundo, para nove no terceiro, sete o colocam entre o primeiro e o segundo, sete entre o segundo e o terceiro, três não o incluem. Dos restantes 42, não se pode tirar uma conclusão definida.

ranças. Cremos ser precisamente esta leitura "aberta" dos diálogos que melhor pode contribuir para fazer deles lições imortais.

Mas não podemos fechar os olhos ao fato de haver mais do que uma linha interpretativa que o leem de outro modo, e de não haver razão, nem força, para — sem cair no relativismo — provar que qualquer das inúmeras leituras da obra platônica *está certa*, enquanto as outras estão erradas. Parece-nos uma questão de preferência. E de dedicação à lição do Mestre, e também de respeito por aqueles que dedicaram e dedicam vidas inteiras ao seu estudo, não esquecendo que é aos jovens que o estudam que a busca é dedicada.

5.1. Exemplos: o Protágoras

Entre os muitos possíveis exemplos a apresentar em abono do nosso ponto de vista, dois sobressaem: um por ser muito fácil, outro por ser difícil de aceitar. O primeiro é o caso do *Protágoras*.

No plano da narrativa dramática, o *Protágoras* representa o encontro de Sócrates com o mundo dos sofistas. Ensaiando a avaliação do ensino sofístico, o filósofo levanta a questão da ensinabilidade da virtude, defendida pelo sofista e contestada por ele.

O debate espraia-se por variados domínios: um mito sobre a condição humana (320c-328d); a pergunta sobre a unidade da virtude (329c-d); o lugar do saber no controle da ação humana; o debate sobre a impotência dos homens perante o prazer e a dor (352d-e); e finalmente a identificação da coragem com as outras virtudes (360 ss.).

Se perguntarmos que doutrinas Sócrates *defende* no diálogo, não encontraremos nenhuma, pois limita-se a argumentar *contra* as concepções avançadas por Protágoras. Nos poucos momentos em que da sua argumentação resulta uma preferência, esta não é por ele assumida[11], muito menos se apresenta como uma doutrina definida[12].

---

11. Por exemplo, no final, é um comentador fictício a registrar que a identificação da virtude com o saber a torna ensinável aos olhos de Sócrates, *mas não aos de Protágoras, de acordo com as concepções tanto de virtude como de ensino que expressou no mito*. Mas é claro que o fato de Sócrates ter atacado e refutado a tese de Protágoras não implica que ele próprio defenda a tese oposta!

12. A tese de que só o saber é ensinável é dada como corrente e não discutida, por ser aceita por todos (ver *Mênon* 87b-c; *Prot.* 360a-c). Note-se, porém, que no *Mênon* a tese é apresentada como uma hipótese, e adiante rejeitada em nome da que defende constituir a opinião verdadeira um bom guia da ação (96d-97c).

Finalmente, nem sequer a refutação de Protágoras se pode considerar válida, pois é obtida com premissas que este concede em nome dos "muitos" (a identificação do bom com o prazer e do mau com a dor: 354a-d), a quem repetidas vezes declara opor-se (333d, 351d) e de quem sempre se distancia nas respostas que dá (352d, e, 353a-b, e, passim).

Por maioria de razão poderemos sem dificuldade afirmar que também Platão não defende aqui nenhuma tese. Nem sequer as apresenta como suas, embora seja sem dúvida ele o responsável pela estruturação dos argumentos e pela construção da unidade do diálogo[13].

Isso quer dizer que, sendo impensável a hipótese de o encararmos como mero relator de um debate real, a unidade textual do diálogo é obra dele. Determinar as finalidades e os objetivos concretos por ele visados, eis no que consiste a tarefa de o interpretarmos. Mas como, se se limita a relatar debates conduzidos por outros, nada afirmando de seu? A pergunta conduz-nos ao exame da estrutura do diálogo platônico. Após o exame da *República*, a ela passaremos.

5.2. Os livros centrais da República

O caso da *República* é mais difícil de argumentar, mas dele se extraem lições mais ricas. O Livro V termina com a oposição dos que vivem na aparência aos que aceitam as Formas. A tese substantiva é que a distinção dos modos cognitivos do saber e da opinião obriga os filósofos a postular Formas perfeitas, eternas e imutáveis, pois só elas podem conter a diversidade e a mutabilidade sensíveis (V 479a ss.).

Fica em suspenso uma pergunta. De onde vêm essas Formas? Para se explicar, Sócrates oferece duas analogias e uma alegoria. Nos dois segmentos da seção inferior da Linha (VI 509e-510a), analisando o sensível, distingue originais de imagens.

A partir daí (510b), *por analogia*, exporta a distinção estabelecida, do sensível para o inteligível, levando o leitor a aceitar que também aí se aplica. Até que, ao identificar as entidades referidas como cópias inteligíveis, no segmento

---

13. Como se viu, além da atribuição a Protágoras de um conjunto de teses e opções, da qual não temos confirmação em outras fontes, Platão ou Sócrates nada afirmam de seu, em nome próprio. Note-se que esta breve análise do argumento do diálogo não se compromete com questões de historicidade, das doutrinas ou das personagens.

inferior da seção superior da Linha, menciona "o quadrado em si" e a "diagonal em si", distinguindo-os daqueles que o esquema representa visualmente.

Consegue assim evidenciar as funções paradigmática e dianoética da geometria, promovendo o acesso à Forma do Bom. No Livro VII, a Caverna dinamiza e personifica essa marcha ascendente, representando alegoricamente cada um dos estágios cognitivos apontados na Linha.

Nesta leitura do texto, nenhuma doutrina é dogmaticamente imposta. Ao mostrar que sem a Forma do Bom não é possível fundar a cidade justa (505d-506a), Sócrates obriga-se a torná-la acessível. Todas as postulações propostas (507b) são hipóteses a que o filósofo recorre para dominar as flutuações do sensível. Não é afirmada, nem provada, a existência de transcendentes, nem garantido o conhecimento da natureza do Bom. O filósofo apenas exige essa garantia para poder erigir a cidade justa.

Mas haverá motivos para hesitar sobre a possibilidade de alguma vez chegar a atingir a Forma do Bom. Nem o filósofo sustenta que a atingiu, mas apenas que sem ela nunca haverá justiça política entre os homens. Nesta questão, Aristóteles é mais modesto e otimista.

Como interpretar esta importante construção filosófica? Como um projeto global, evidentemente. Na estrutura analógica, a descrição do sensível serve a duas finalidades complementares. Por um lado, evidencia a insuficiência deste, por outro, *sugere* uma organização do inteligível que possa colmatar essa insuficiência. Para tal, estabelece exigências a serem atendidas: as Formas, a educação da alma, a dialética. O argumento vai do antecedente ao consequente: sem que *tais condições* sejam satisfeitas, *tais resultados* não serão atingidos. Não entrevemos traços de uma metafísica dogmática.

6. Planos dramático e argumentativo

Estabelecida a viabilidade de uma abordagem não doutrinal dos diálogos, propomos o envolvimento dos argumentos pelo contexto dramático como o modo de conseguir a unidade do texto. No *Protágoras* isso é bem claro. Embora não avise disso o leitor, Sócrates quer mostrar a inconsistência do projeto do ensino sofístico. Para tal, arma uma estrutura argumentativa, mediante a qual se propõe demonstrar que o sofista promete ensinar aquilo mesmo que ignora: a virtude (ver a promessa feita na introdução dramática do diálogo: 310d-314c).

Tendo em conta este objetivo, é possível ler o diálogo como a narrativa ficcionada de um debate real. Mas por detrás do relato há todo um programa de investigação sistemática da virtude, ao qual o diálogo *não* dá acesso. Podemos e devemos tentar aprofundá-lo. Mas o filósofo nunca o oferece como doutrina própria, deixando sua exploração ao leitor.

O plano argumentativo concretiza este propósito inserindo os diversos argumentos no diálogo, cada um dos quais pode ser abordado com relativa autonomia: unidade da virtude, inconsistência do hedonismo[14], natureza da coragem[15]. O todo ganha espessura e vivacidade com as descrições dramáticas, os interlúdios e as digressões. Mas é manifestamente forçado a procurar por detrás de cada um dos debates a proposta de uma doutrina platônica, sistematicamente estruturada e dogmaticamente imposta.

Por outro lado, o plano dramático reforça a estrutura argumentativa mediante a recriação de um encontro *ficcionado* entre sofistas ilustres, personalidades históricas, nas bocas de quem vão ser colocados pontos de vista dos quais só temos confirmação por fontes posteriores.

Na *República*, pelo contrário, o plano dramático é tênue, após os confrontos do Livro I e do início do II, pelo que não lhe fazemos referência. Mas a condução do argumento parece bastante clara. Só o conhecimento da Forma do Bom possibilita a fundação da cidade justa.

7. Esquematização do *corpus* em três grupos de diálogos

Partindo desta análise sumária para o conjunto do *corpus*, chegamos ao consenso mínimo aceito pelos platonistas: o de que se pode dividir o *corpus* em três grupos de diálogos. Um é o grupo elênctico — em que é utilizada a metodologia de pergunta e resposta, o *elenchos* —, para estudar a temática da virtude.

Este modelo agrupa um conjunto homogêneo de treze obras, divisível em três subgrupos. Um é o das obras antilógicas: o *Laques* ("O que é a coragem?"),

---

14. O ponto decisivo da crítica platônica do prazer aparece fugazmente, no *Fédon* 60b-c, na referência ao prazer experimentado por Sócrates após ter sido libertado das grilhetas. Mas é claro que o episódio tem um valor simbólico.

15. Mas há ainda uma série de problemas e questões filosóficas relevantes, espalhados pelos diversos argumentos: por exemplo, a autopredicação das virtudes ("a justiça é justa"), a concepção dos contrários (cada virtude tem apenas um contrário: 332e), a questão do hedonismo.

o *Eutífron* ("O que é a piedade?), o *Cármides* ("O que é a sensatez?"[16]), constituídas por uma sucessão de conversas, delimitadas pela pergunta "O que é?", com a sua resposta, e o *antílogos* que a contradiz, provocando a refutação. Dela resultam a repetição da pergunta, nova conversa, concluída pela refutação, até a declaração da aporia.

Outro subgrupo é constituído pelos diálogos polêmicos: aqueles em que Sócrates se serve do *elenchos* para refutar os seus opositores, sempre argumentando a partir das premissas que estes lhe concedem (ver *Féd.* 101d-e). Aqui a pergunta "O que é?" não é explicitamente formulada, pelo que as "conversas" não se deixam delimitar com a nitidez patente nos diálogos antilógicos. É notável a unidade literária e ideológica destas obras, expressa através de um programa complexo, construído pela montagem dos diversos argumentos no contexto dramático. Incluem-se neste subgrupo os confrontos polêmicos do *Górgias* e do *Protágoras*, nos quais Sócrates chega a intervir com uma segurança infundada[17].

Os outros diálogos do grupo exibem um caráter misto — como o *Lísis* ("O que é o amigo?"), em que os dois tipos de *elenchos* se combinam — ou atípico, em que a ordem de pergunta e resposta não segue um padrão regular: o *Hípias menor* ("o mentiroso"), o *Íon* (sobre a poesia e a declamação) e o *Eutidemo* (um catálogo de sofismas, dramaticamente suportado pela hilariante narrativa da exibição de dois praticantes da arte). E finalmente o *Menexeno*, em que um breve diálogo serve de introdução a uma paródia da Oração Fúnebre de Péricles (Tucídides II 35-46).

Associadas ao grupo pela temática da virtude, e sem diferenças notáveis, acham-se ainda as duas obras autobiográficas: a *Apologia de Sócrates* e o *Críton*.

---

16. Só o diálogo com Cármides apresenta, e parcialmente, a estrutura antilógica. Com a intervenção de Crítias, o *elenchos* prossegue de forma atípica, através de sucessivas reformulações da resposta inicial. Por trás destas, Crítias expõe a sua própria concepção de sensatez (ausente do DK; é uma característica pessoal, incomparável com outras virtudes ou competências), que Sócrates critica de diversos pontos de vista.

17. As fórmulas recorrente no *Górgias* (por exemplo, 508e-509a; as repetições de formas de *apodeiknymi*: 470d, 479e; as insistentes referências à verdade: 471d, 473b), referidas por Vlastos (The Socratic Elenchus, *Oxford St. In Anc. Phil.* I, Oxford [1983] 27-58) para justificar o poder "demonstrativo" do *elenchos*, ecoam a agressividade da retórica. Quanto ao *Protágoras*, o próprio Platão como que se dissocia da personagem "Sócrates", denunciando a deslealdade da estratégia dialética por ela adotada (ver J. T. SANTOS, La manipolazione socratica di Protagora, in G. CASERTANO [a cura di], *Il Protagora di Platone*: struttura e problematiche, Napoli, 2004, 701-715).

Também o *Mênon* inclui uma seção inicial elênctica (70-80). Mas os restantes dois terços do diálogo intercalam numa seção hipotética ("a virtude é saber": 86-90) uma investigação-debate sobre a aquisição da virtude: 86-90, 95-100, com uma forte componente dramática (o confronto com Ânito: 90-95), a par de um *elenchos* paradigmático, ilustrativo da anamnese (o diálogo com o escravo: 82-86; precedido da introdução da reminiscência: 80-82 (o modelo do *Protágoras* aplica-se bem a este grupo).

Esses exemplos devem bastar para mostrar quão difícil será ler dogmaticamente os diálogos. Mas não é certo que deles resulte a tese de que a ausência de compromisso doutrinal caracterize toda a obra platônica.

Um segundo grupo de diálogos apresenta-se mais como uma investigação do que como um debate. Um questionamento inicial — "O que é a justiça?", "Que razões há para não temer a morte?", "O que é o amor?" — é respondido através de um aprofundamento da natureza do saber. Este implica partir da hipótese da realidade de Formas inteligíveis para a compreensão e a explicação do funcionamento do mundo sensível[18]. É assim definida e aplicada a metodologia hipotética, que complementa a exposição da teoria das Formas com a prática da dialética.

Este núcleo programático estende-se por outros textos: *Fédon, República* (Livros V-VII, X), *Fedro* e *Banquete*. Mas a temática e a estrutura de cada uma dessas obras não segue um padrão definido, revelando cada uma a sua autonomia. No grupo, as Formas acham-se sempre presentes, embora de perspectivas diversas[19], como condições necessárias do saber.

Também se podem considerar o *Crátilo* e o *Timeu* adjacentes ao grupo, por também eles proporem a hipótese das Formas. Mas as suas finalidades e a sua estrutura nada têm em comum, quer um com o outro, quer com os restantes.

O primeiro apresenta traços do *elenchos* nos confrontos de Sócrates com Hermógenes e com Crátilo (383-396, 427-440). Mas a longa seção que inventaria etimologias de termos relevantes do vocabulário epistêmico e cultural grego

---

18. É a esta estrutura que Aristóteles se refere com o termo "Formas" (ou "ideias": *eidê*). A expressão "teoria das Formas" é muito mais recente e põe aos intérpretes diversos problemas. Ver o esclarecedor debate de K. Sayre com Ch. Griswold Jr. em *Boston Área Colloquium in Ancient Philosophy* 9 (1995): K. SAYRE, Why Plato never had a Theory of Forms, 167-199; C. GRISWOLD JR., Commentary on Sayre, 200-212.

19. Como contrários, entidades relacionais (grandeza, saúde), artefatos, estruturas epistêmicas ("nome", "saber": *Crátilo*), princípios éticos. A única admissão de que as Formas se estendem "a toda a pluralidade à qual é atribuído um único nome" surge na *República* 596a.

(396-427, com uma breve síntese: 437a-d) nada tem a ver com nenhuma outra obra platônica.

O segundo é constituído por uma longa exposição, precedida de uma introdução dramática, sobre a gênese da alma e a construção e a constituição interna do macrocosmo e do microcosmo. Pode ser visto como um tratado, no qual Platão expõe sua filosofia natural.

Um terceiro grupo de obras apresenta também uma unidade programática. O seu núcleo é constituído por uma trilogia dramática, em que Teeteto dialoga primeiro com Sócrates, depois com um Hóspede de Eleia. Todavia, a perfeita sequência do plano dramático não tem paralelo no plano temático.

O *Teeteto* é um diálogo profundamente problemático, sobre a natureza do saber, no qual Sócrates começa por criticar a alegada ontoepistemologia de Heráclito e Protágoras, para expor uma concepção original sobre a função cognitiva da alma (184b-186e), deixando depois que a investigação se afunde numa cadeia de dificuldades insuperáveis.

Pelo seu lado, o *Sofista* contrapõe ao caráter aporético do *Teeteto* um programa dialético triunfal, no qual são sucessivamente abordados e resolvidos problemas como os da falsidade, da aparência, do *logos* e da verdade, e parcialmente resolvidos e superados os problemas causados pela ambiguidade do verbo "ser" (*einai*).

Ora, terá sido para os cancelar que — na obra sobre as Formas — Platão avança aquilo que Aristóteles e a tradição convertem na "teoria das Formas" (TF), resolvendo dificuldades que sempre tinham impedido a reflexão grega de se estabelecer sobre uma base sólida.

É essa a razão pela qual todo o programa é executado numa investigação dedicada ao desmascaramento do escorregadio gênero do sofista. Finalmente, o *Político* exemplifica a aplicação de um conjunto de princípios metodológicos a uma investigação sobre a natureza do homem de Estado.

Associados a estes pelo caráter programático, porém perfeitamente independentes, acham-se o *Parmênides* e o *Filebo*. O primeiro apresenta uma estrutura singular no *corpus*. A uma introdução dialogada, em que o jovem Sócrates sustenta a crítica de Parmênides, depois de ter ele próprio criticado os argumentos de Zenão, segue-se um exercício dialético sobre a natureza do Uno, expresso através de um conjunto de hipóteses, sucessivamente apresentadas[20].

---

20. O sentido deste exercício, o próprio número das hipóteses, até, nunca deixou de constituir matéria de disputa entre os estudiosos, ao longo dos séculos (ver J. T. SANTOS, Introdução, in PLATÃO, *Parménides*, Lisboa, 2001, 9-21).

Por sua vez, o *Filebo* representa um regresso em três sentidos paralelos. Sócrates assume a função de condutor da investigação. Compensando o puritanismo do *Fédon*, concentra-se no tema do prazer, deixando o diálogo recuperar o frescor que os pesados programas da trilogia e do *Parmênides* tinham suspendido. Finalmente, este programa revisionista e crítico é complementado pelos doze Livros das *Leis*, que prolongam a utopia da *República* e esboçam as linhas de concretização da cidade justa.

Se perguntarmos pela característica suscetível de conferir unidade ao grupo, nós a acharemos sem dúvida patente no projeto crítico daquilo a que a crítica contemporânea chama "a versão canônica da TF", complementado pela concentração nos aspectos linguísticos da prática da dialética.

Há, como sempre em todos os diálogos platônicos, muito mais filosofia do que a que cabe na sua análise, quanto mais num programa esquemático. Mas este projeto revisionista não parece justificar um abandono do pendor ontoepistemológico das teses da obra canônica (em particular, com a desistência da defesa da TF[21]).

8. São platônicas as teorias apresentadas nos diálogos?

A comparação dos três grupos que acabamos de esboçar sugere a repetição da questão inicialmente apresentada. Mantém-se nos dois outros grupos a ausência de compromisso doutrinal apontada no primeiro? É impossível responder afirmativamente, dado o caráter programático assinalado em cada um deles.

Daqui não resulta, porém, que os diálogos defendam dogmaticamente doutrinas e concepções determinadas. Por exemplo, aquilo a que — a partir da crítica de Aristóteles — se chama "teoria das Formas" é o desenvolvimento de um princípio teórico (a chamada "teoria da participação") proposto, no *Fédon* (100a-102a), como suporte da prática dialética, visando à resolução do problema da aquisição do saber.

Como vimos, a mesma teoria é suposta e desenvolvida nos livros centrais da *República*, como núcleo do projeto de implantação da filosofia na cidade. E

---

21. Como pretende Gilbert RYLE, *Plato's Progress*, London, 1951, 10-20 (a tese é defendida numa brilhante série de textos analíticos: ver Plato's Parmenides, in R. E. ALLEN [ed.], *Studies in Plato's Metaphysics*, London, 1965, 97-148). A influência de Ryle é notável numa longa série de intérpretes anglo-saxões, sentindo-se ainda hoje. O fato de Platão propor, sempre em nome de outros, dificuldades e objeções à teoria que lhe é atribuída pode revelar uma intenção problemática e crítica e não necessariamente uma rejeição de concepções anteriormente apresentadas.

nos restantes vemo-la implicitamente defendida como condição necessária para a fundação da cidade justa.

Este projeto epistêmico e político é suportado culturalmente pelas concepções antropológica e metafísica do amor e da alma, no *Fedro* e no *Banquete*, e complementado pela teoria da anamnese, exposta no *Mênon*, no *Fédon* e no *Fedro*, da qual se colhem acenos indiretos na *República* e no *Teeteto*.

O leitor encontra-se aqui, perante um complexo doutrinal forte. Mas o projeto nunca deixa de servir à concepção ideal e hipotética do saber (expressa pelo termo "filosofia": amor, mas não posse do saber), oferecida em confronto com outras concepções e práticas científicas e educativas, como a da retórica no *Fedro*, a do naturalismo no *Fédon*[22] (96a-d, 97b-98d), ou o fluxismo de Crátilo, cuja crítica não deve ser vista como uma refutação ou uma rejeição definitiva[23]. A exceção é o *Timeu*.

Nesta leitura, os diálogos constituem o polifacetado suporte em que se apoia uma intervenção cultural forte, expressa pela concepção platônica da filosofia, mais do que se apresentam como veículo de doutrinas dogmaticamente impostas (apesar de ser ao estudo dessas doutrinas que a necessidade de "ensinar Platão" na escola obriga). Acima de tudo, o complexo doutrinal só ganha sentido integrado no seio de um projeto, construtivo e hipotético, que visa definir a possibilidade de aquisição de um saber cujo sentido político e cultural a *República* sintetiza.

Mas é possível operar aqui a passagem para a unidade do projeto filosófico, constituído pela concepção epistêmica, encarando-a como o núcleo doutrinal do platonismo. Isso está bem patente na execução do programa dos diálogos críticos (hipótese plenamente confirmada pela renovadora critica de Aristóteles à TF, que condensa o núcleo da sua própria filosofia).

9. Para uma interpretação da filosofia platônica

A proposta interpretativa aqui avançada visa resolver o problema posto pela necessidade de compatibilizar a dispersão da obra platônica com a unidade do

---

22. Ou as concepções pitagóricas sobre a alma, propostas por Símias e Cebes no *Fédon*, assim como, numa perspectiva coloquial, os discursos sobre o amor no *Banquete*, representam concepções culturais definidas.

23. Seguindo a sugestão de Aristóteles, em *Metafísica* A6, poderemos entendê-lo como uma descrição adequada do mundo sensível. Consequentemente, como o pressuposto da defesa do inteligível.

platonismo, sem recorrer a hipóteses excessivamente onerosas da interpretação dos textos, como as três que atualmente competem pelo favor dos estudiosos.

9.1. As três interpretações correntes da filosofia dos diálogos

Referimo-nos ao unitarismo, que encara o platonismo como uma unidade ideológica, dispersa por uma diversidade de diálogos por razões expositivas; ao evolucionismo, que busca na cronologia dos diálogos o princípio interpretativo que suporta a alegada evolução do pensamento platônico[24]; e à tendência analítica, que prefere concentrar-se em cada diálogo individual a comprometer-se com o estabelecimento de relações, *sempre arbitrárias*, entre textos distintos.

A nosso ver, todas elas pecam por não prestar a devida atenção à especificidade da escrita dialógica.

9.1.1. MOTIVAÇÕES DA COMPOSIÇÃO DIALÓGICA: O *FEDRO* E A *CARTA* VII

Abordamos agora — segunda consequência do modo de composição da obra platônica — as razões que Platão apresenta para escrever diálogos filosóficos, em oposição a tratados de filosofia (*syngrammata*). É ele próprio quem as expõe a nós no final do *Fedro* e no excurso filosófico da *Carta* VII. Eis uma síntese dos argumentos lá desenvolvidos.

Começamos por uma observação prévia. Na Atenas clássica, a escrita era uma recém-chegada aos domínios do saber e da cultura. Com a sua divulgação e a difusão de textos escritos, tornou-se possível a quem quisesse (talvez mesmo

---

24. A posição que designamos como "evolucionista" é caracterizada pelo encadeamento de um conjunto de admissões, anteriormente notadas:
    1. As teses e os argumentos expostos nos diálogos refletem posições platônicas (nomeadamente as expressas por Sócrates).
    2. A data de composição do diálogo indica a posição platônica *naquele momento da sua evolução*.
    3. Em caso de contradição entre diálogos, as obras mais tardias refletem a evolução pela qual Platão corrige posições anteriores.
    4. Análogo raciocínio deverá ser feito — o que é mais grave — para as omissões: o silêncio em diálogos posteriores acerca de uma questão deverá implicar o seu abandono.

    Como cada uma delas é discutível, seu encadeamento mostra-se insustentável.

fosse frequente²⁵) obter uma cópia de qualquer intervenção oral de que tivesse sido feito um registro escrito²⁶.

A Platão parecerá arbitrária e acrítica tanta facilidade na aquisição do saber. Acrítica porque o texto escrito é fixo, não responde a perguntas e não exibe créditos próprios. Arbitrária porque quem quer que seja pode colher num texto qualquer que adquira a ilusão de um saber do qual nem sequer se aproxima (*Fedro* 274b-278e).

Na verdade, se atentarmos ao exemplo de Fedro, que, no início do diálogo, corre para os campos para se exercitar na memorização do discurso que acabou de ouvir de Lísias, as críticas de Platão são mais que justificadas. Pois que aprendizagem e saber se obtêm da simples memorização de um texto?²⁷

Todavia, há que se convir que essas críticas se dirigem mais às utilizações da escrita do que à escrita em si. Tanto mais que o próprio Platão nunca a rejeita enquanto meio de criação, como não rejeita a retórica, mas submete ambas à sua exigência de saber e de buscar a verdade (*Fedro* 277b-c, 277e-278a, 278c), não desvalorizando sua própria atividade como escritor (276d²⁸).

A *Carta* VII acrescenta a estes dados o caso de Dionísio de Siracusa, que alegadamente publicou como seus ensinamentos orais recebidos do próprio Platão. Ora, por que não os terá publicado o filósofo? Por considerar o assunto difícil demais para ser lançado por escrito, quiçá por não ter ele próprio conseguido encontrar uma solução que lhe parecesse satisfatória para os problemas do mundo e da vida. Mas também por não conferir ao leitor anônimo e casual a

---

25. Platão, na *Apologia de Sócrates* 26d-e, revela de modo perfeitamente casual que o livro de Anaxágoras podia ser comprado nas bancas por qualquer pessoa, ao preço de uma dracma.

26. Não é possível conhecer as circunstâncias e razões que levavam à composição desses escritos. Sabe-se que com os sofistas se tornou frequente a sua cedência, por um preço, supõe-se (ver GÓRGIAS, *Encômio de Helena* 21). Sabe-se também que os logógrafos vendiam discursos forenses que os litigantes deviam memorizar e declamar na audiência. São, contudo, inúmeros os testemunhos da capacidade de recitação de memória de um texto, ou debate, mesmo ouvido há tempo considerável (ver PLATÃO, *Parmênides* 126b-127a). Outra possibilidade seria tomar notas e reconstituir o texto mais tarde (ver *Teeteto* 142c-143b). Mas não será excessivo considerar sintomática a denúncia da atitude de Fedro para com o discurso de Lísias, como se verá a seguir.

27. Memorização que, pelo contrário, inviabiliza qualquer posição crítica! Este pormenor confere insuspeitado sentido ao discurso de Sócrates, à palinódia, a toda a posição tomada perante a retórica, como "condução da alma", bem como ao sentido das críticas à escrita, que reforçam a unidade do diálogo.

28. Não constituem os diálogos "sementes de exercício" (ou "brincadeira": *paidias*), um "tesouro de recordações para a velhice", do qual poderão brotar "tenros frutos" (276d)?

capacidade de assimilar *criticamente* a informação colhida num texto dedicado ao estudo das questões "mais elevadas", aquelas em que é mais difícil a segurança e impossível a certeza.

As duas ordens de razões apresentadas parecem-nos suficientes para justificar a opção pela escrita dialógica, atendendo ainda ao fato de esta ser não só mais avessa à memorização, como impossível de plagiar, dado que o autor representa na boca das suas personagens as opiniões que exprime. Ora, se é assim, a opção pela composição de diálogos é motivada por razões intrínsecas às concepções platônicas de saber, de aprendizagem e de educação.

9.2. Contexto dialético

Como se poderão adequar essas razões à essência da escrita dialógica? Para responder a essa pergunta propomos a noção de "contexto dialético". Com ela referimo-nos ao complexo dramático e argumentativo no qual se insere uma investigação sobre um tópico definido, através do diálogo entre personagens concretas, sustentando opiniões próprias, num lugar e num momento historicamente situados pela narrativa.

Contexto dialético de um diálogo é a relação única e irrepetível entre personagens que colaboram na investigação de um tópico, perante uma audiência ao mesmo tempo real e ideal, exprimindo e debatendo opiniões suas, com pressupostos próprios e comuns a todos, exercitando-se pela argumentação com vista à sua educação e à de outros[29]. A noção permite-nos encarar o diálogo filosófico como um instrumento de ensino e de investigação mais do que como suporte de doutrinas dogmaticamente impostas, embora estas não deixem de se achar presentes nele, como objeto de reflexão crítica[30].

---

29. O coro anônimo que assiste à discussão, os que ouvem a leitura do texto e os que o poderão ler, em outro tempo e em outra cultura. A coexistência destes três destinatários do diálogo reforça, com um efeito de distanciação, o seu sentido formativo. Reside ele na criação de um *anacronismo funcional*, pelo qual a decisão sobre a relevância do debate é tomada pelos que nele participam, depois por quantos o ouviram e mais tarde lerão (é isso aquilo a que se chamará "publicação", na Atenas do século IV, muito mais que à composição da obra).

30. Veja-se, entre muitos possíveis, o caso da "alma" Como explicar a coexistência de perspectivas distintas sobre a alma, como a genética do *Timeu*, a psicopolítica da *República*, a antropológica do *Fedro*, a funcional do *Teeteto* e a sincrética do *Fédon* (a par das referências esparsas na quase totalidade do *corpus*)? Para os evolucionistas, essa variação reflete a

A INTERPRETAÇÃO DO CORPUS PLATÔNICO

Permite ainda registrar a variação dos objetivos a atingir com o diálogo — que poderá constituir uma evolução, porém mais metodológica que ideológica —, distinguindo teses polêmicas, avançadas para alimentar o debate, da proposta de concepções e teorias, elaboradas a partir do fundo cultural e religioso grego[31], de análises explicativas da realidade, do saber e da linguagem.

10. Conclusão

Em todas estas há uma filosofia platônica. Mas não é, nem será nunca, uma e a mesma, nem foi como tal encarada por aqueles que há 25 séculos persistem em ler Platão. Neste sentido, interpretar Platão é uma tarefa infindável e sempre renovada, por cada estudioso e cada cultura, porque os diálogos são o lugar de debate de concepções que sempre se relacionam diferentemente com as preocupações dos que os (ou "de quantos os"...) leem. Não têm por isso um modo "correto" de ser lidos, podendo os debates neles relatados ser estudados no contexto histórico e filosófico e na língua em que foram produzidos assim como nos dos seus leitores.

No primeiro caso, dever-se-á prestar atenção aos seus objetivos específicos e à inovação que constituem. No segundo, cada um é livre para encontrar neles as "sementes" das quais Sócrates espera que possam brotar sempre "novos frutos" (*Fedro* 276d). Perguntamos ingenuamente: não será este um meio adequado à prática da filosofia?

---

transformação ideológica de Platão, sendo suportada por uma sempre suposta cronologia dos diálogos.

A noção de "contexto dialético" não obriga a supor cronologias. Recusando-se a ler os diálogos como suporte de doutrinas, encara cada investigação/debate como um fato dramático autônomo. Cada concepção, cada "teoria", cada argumento tem sentido na situação concreta em que ocorre. O intérprete é livre para estabelecer relações entre diferentes contextos, o leitor não é obrigado a ler cada obra como um momento na formação do sistema do "pensamento platônico".

31. Veja-se a crítica de Hegel aos mitos platônicos, ressalvando, por um lado, a sua elegância, por outro a indeterminação a que dão origem, como mera "modalidade representativa" da criação filosófica (*Lições sobre a história da filosofia*, 186-190).

VIRTUDE E SABER
NOS DIÁLOGOS SOCRÁTICOS:
O *ELENCHOS*

CAPÍTULO PRIMEIRO

O problema das refutações socráticas[1]

Uma das dificuldades com que se defronta grande número de estudiosos e leitores de Platão é a da compreensão do sentido das refutações levadas a cabo por Sócrates nos diálogos chamados "socráticos"[2]. A questão é abordada de passagem na *Apologia de Sócrates* quando, na tentativa de se libertar das calúnias de que é objeto, o filósofo se refere ao saber que lhe atribuem (20d-e[3]).

---

1. Nesta obra, os termos "Sócrates" e "socrático" referem-se exclusivamente à personagem dos diálogos de Platão. A questão do Sócrates histórico e das teses que eventualmente terá apresentado, que tamanha influência exerceram sobre tantos intelectuais gregos, no número dos quais se inclui o próprio Platão, não será aqui abordada.
2. Este grupo de diálogos inclui a *Apologia de Sócrates*, o *Críton*, o *Hípias menor*, o *Laques*, o *Lísis*, o *Eutífron*, o *Cármides*, o *Íon*, o *Menexeno*, o *Protágoras*, o *Górgias*, o *Eutidemo* e o *Mênon* (aceitamos as dúvidas sobre o *Hípias maior*, motivo por que o excluímos). A identidade deste grupo é estabelecida a partir de afinidades temáticas — a investigação da virtude — e metodológicas — a prática do método elênctico. Embora não se pretenda esboçar aqui qualquer cronologia da obra platônica, nem tomar posição sobre a leitura genético-evolutiva de Platão, também não se pode ignorar o consenso em virtude do qual é costume dividir o *corpus* em três períodos, no primeiro dos quais se agrupam as obras acima enumeradas. Aceitamos essa divisão em grupos, embora não a oneremos com argumentos cronológicos.
3. A questão é abordada na chamada "seção epistêmica" da obra (19a-24b), em que o filósofo se dedica a esclarecer a natureza do saber que lhe é atribuído. Ver PLATÃO, *Eutífron, Apologia de Sócrates, Críton*, trad., introd. e notas José Trindade Santos, Lisboa, [4]1993. A questão foi abordada de outra perspectiva em José Trindade SANTOS, A *Apologia de Sócrates* e o programa da filosofia platônica, *Arquipélago*, Filosofia 6, Ponta Delgada (1998) 57-82. Em alguns passos deste capítulo aproveitamos a análise ali apresentada.

Nos meandros da argumentação, o texto põe-nos uma pergunta paradoxal: como caracterizar o saber atribuído a um homem que afirma não saber? Em quem devemos acreditar: nas suas próprias alegações ou nas daqueles que o acusam de "[fala Sócrates] ser sabedor das coisas sobre que costumo interrogar e refutar" (*Ap.* 23a)?

Para ultrapassar a dificuldade há que se distinguir dois problemas interligados. Um é o do sentido da denegação que Sócrates faz do seu próprio saber. O outro é o da natureza desse saber, em particular do modo como se afirma e contrasta com o pretenso saber daqueles que escolhe como interlocutores. Comecemos pelo primeiro.

Aceitando ou não a justificação do enigma do oráculo, que o indica como o mais sábio dos homens, certo é que Sócrates se entregou à tarefa de interrogar sistematicamente todos os cidadãos que, pelos cargos que ocupavam ou pelas atividades a que se dedicavam, se consideravam e eram considerados sabedores (21b).

O texto distingue três grupos de inquiridos: os estadistas (políticos e militares), os poetas e os artífices[4], cujo saber se propõe examinar. Quanto aos estadistas e poetas, a *Apologia* informa-nos que não mostraram possuir qualquer saber, por mais convencidos do contrário que estivessem (21c-22c). Quanto aos artífices, a situação é diferente, dado Sócrates reconhecer que sabiam "da sua arte" (22d). Mas acaba por se confundir com a dos outros, pois "cada um deles julgava ser o mais sábio noutros importantes assuntos" (22d).

No cômputo geral, o resultado destas investigações é conhecido. Sócrates fica convencido de ter conseguido desvendar o enigma do oráculo ao concluir que a finalidade do deus era apresentar a ignorância do próprio Sócrates como um perfeito exemplo do fato de "a sabedoria humana [ser] coisa de pouco ou nenhum valor" (23a, b).

Para o primeiro problema basta-nos, portanto, a *Apologia*. Sócrates distingue-se dos outros homens por *saber* que *não sabe*. Ou seja, por ter consciência de que aquilo que eventualmente sabe — que justifica que não o consideremos um ignorante — nunca pode confundir-se com um *saber* autêntico e definitivo. É essa a única razão pela qual sustenta que *não sabe*, por não consentir que o tomem

---

4. Embora o termo *cheirotechnês* designe o grupo dos artífices manufatores, que trabalham com as mãos, sendo, portanto, produtores, poderá incluir todos aqueles que justificam a atividade a que se dedicam pela posse de um saber, fazendo-se pagar pelo ensino que eventualmente ministram. Nesse sentido, não será excessivo agregar praticantes de atividades para nós tão distintas como instrutores militares, professores de música (ver *Laq.* 186d, 197d), oradores e sofistas. Mas devemos, no que diz respeito aos sofistas propriamente ditos (será por excelência o caso de Protágoras), notar uma diferença em relação aos que praticam uma arte. Acham-se obrigados a esclarecer a natureza do ensino que ministram, e as razões que haverá para conceder tratar-se de um legítimo saber (ver no capítulo seguinte a referência à analogia com as artes e os oficios).

como sábio, convertendo suas opiniões em verdades estabelecidas. Daí resulta enfim sua recusa em aceitar que ensina, merecendo ser pago por essa atividade. Pelo contrário, como ele bem percebe, seus interlocutores conferem ao que sabem — às suas opiniões — o valor de saber. E com isso caem no erro de *julgar saber, não sabendo* (21c, d: estadistas; 22c: poetas[5]; 22d, e: artífices; 23c-e: todos em geral). O diagnóstico que Sócrates faz do saber dos homens[6] justifica-se pelas duas faltas que cometem:

1. confundir suas opiniões com saber;
2. (por) não se aperceber de que podem estar erradas.

Para Sócrates, a diferença que o opõe aos outros é clara. Para eles, porém, o diferendo — tão profundo que o levou à morte — manifesta-se como um simples conflito de opiniões. Sócrates sempre consegue refutá-los. Mas nem por terem sido refutados os interlocutores se deixam convencer de que não sabem. Pois, se há fato que a *Apologia* atesta e o julgamento e a subsequente condenação confirmam, é o de terem levado a mal a humilhação pública a que se sentiram submetidos (21d-e, 22e-23a, 23c-24a), justificando-a com a duplicidade de Sócrates[7].

O conflito só ganha expressão dramática e até dimensão histórica em virtude da estratégia divisada para fazer a prova da falsidade das pretensões dos interlocutores. Essa estratégia é afinal a da sua refutação sistemática, proposta pela

---

5. Também no caso dos poetas há uma pequena e significativa diferença. Sócrates atribui à inspiração divina o saber que estes revelam nas suas obras. Mas prova que esse saber não é deles, através do exame a que os submete (22b-c; ver *Íon* 533c-535a).

6. Três outros passos confirmam esta posição, bem como a importância que assume na perspectiva de Sócrates sobre a investigação do saber: *Cármides* 166c-d; ver 165b-c; *Gór.* 458a-b, *Mên.* 80c. Vale a pena transcrever o primeiro: "Como te enganas ao pensar que, se realmente te refuto, é por um qualquer motivo que não seja aquele pelo qual me investigo a mim próprio, com receio de cair em erro, julgando saber e não sabendo? Ora isto é o que estou agora a fazer: examino os argumentos, sobretudo por minha causa, embora também por causa dos meus amigos. Ou não pensas ser um bem realmente comum a todos os homens que cada coisa se mostre tal como é". Decerto anos mais tarde Platão porá na boca do Hóspede de Eleia uma avaliação dos méritos psicopedagógicos do método elênctico, inteiramente consistente com a que acaba de ser proposta (*Sof.* 230a-e).

7. Alegando que ele conseguiu refutá-los só pelo fato de fingir não saber (*Ap.* 23a, *Cár.* 166c, *Rep.* I 337a). Este é o conhecido *topos* da "ironia socrática". Concordamos com a interpretação da "ironia complexa", segundo a qual "o que é dito é e não é simultaneamente o que se quer dizer". Ver G. VLASTOS, Socratic Irony, in *Socrates, Ironist and Moral Philosopher*, Cambridge, 1991, 21-44.

metodologia elênctica "da pergunta e resposta": em suma, o registro dialógico da conversa (*dialegesthai*) com fins corretivos ou exortativos.

E os resultados que proporciona só serão negativos enquanto o interlocutor persistir em cometer o erro de julgar saber, não sabendo. Pois nada obsta a uma aplicação construtiva que, em vez de destruir, vise confirmar concepções, tendendo, ao invés, a constituí-las como saber, através da extração das consequências dela resultantes. Mas essa é outra questão. No fundo, o que o filósofo pretende não é mais que defender o princípio do qual em vão tenta persuadir os seus concidadãos, de que "uma vida não examinada não é digna de ser vivida pelo homem" (*Ap*. 38a).

Chegamos assim ao segundo problema, mais importante e difícil de resolver no contexto da *Apologia*. É-nos dito que o exame a que Sócrates submete seus interlocutores tem como finalidade apurar o saber destes, mas não é claro sobre que tópicos versa, nem como procede.

No questionamento dos estadistas, talvez se possa depreender alguma ideia do seguinte comentário de Sócrates: "Pois é possível que nenhum de nós saiba nada do que é bom e belo..." (21d).

Do mesmo modo, no caso dos poetas, não parecerá arriscado supor que o exame consistiria numa avaliação das suas obras, nos termos das "muitas e belas coisas" (22c) nelas tratadas, embora nada se diga em concreto acerca das "coisas" sobre as quais é o exame. Já no caso dos artífices deparamo-nos com o reconhecimento de um saber genuíno. Porém, a crítica retoma com os "outros sumamente importantes assuntos" (22d) em que se julgam sábios, sem que cheguemos a saber de que assuntos se trata.

Tendo em conta esses indícios, parecerá plausível a hipótese de os exames se dirigirem à avaliação dos princípios determinantes da ação humana, tal como se manifestam nos comportamentos *relativos ao tipo de atividade exercida por cada um dos questionados*.

Por exemplo, saber da natureza da justiça é relevante para os estadistas, a piedade sê-lo-á para os adivinhos, a coragem para os generais, a sabedoria para os sofistas, e, no seu todo, a virtude constitui tópico de interesse para qualquer homem bem nascido que deseje cultivar-se, sobretudo se aspirar a exercer cargos políticos ou a granjear favores públicos.

Tal conjetura, retirada do exame da "seção epistêmica" da *Apologia*, permite-nos aventar a hipótese de que os diálogos incluídos no grupo "socrático", acima referidos, constituem exemplos ilustrativos desse questionamento, habilitando-nos com um corpo de textos informativo da temática visada e da metodologia aplicada por Sócrates.

1. A metodologia elênctica

Resolvidos os dois problemas iniciais, dos quais resulta o esclarecimento do tema das refutações socráticas, achamo-nos em condições de avançar para o estudo da metodologia aplicada.

Esta encontra-se bem estudada numa série de obras, hoje consideradas clássicas[8]. Em termos genéricos, uma abordagem do *elenchos* deve começar por identificar e descrever os diversos passos do método, passando depois ao debate da concepção que a suporta, terminando com a sua integração na filosofia dos diálogos, a par de outras perspectivas metodológicas. Faremos esse percurso pela ordem indicada.

Os elementos constitutivos do *elenchos* são: a pergunta "o que é?" e a *epagôgê* ("indução"[9]), funcionando o método da seguinte maneira. À pergunta "O que é?"[10] o interlocutor oferece como resposta um *logos*, uma declaração que vai ser submetida a prova (ou refutação: é isto que quer dizer *elenchos*). Como devemos interpretar este teste?

É possível condensar as diversas interpretações do *elenchos* em duas: aquela para a qual Sócrates refuta os seus interlocutores, forçando-os a aceitar duas posições contraditórias, das quais resulta a aporia, e aquela outra para a qual ele os refuta provando a falsidade das suas posições[11]. Ambas, contudo, coincidem

---

8. O primeiro estudo considerado capital para o estudo da metodologia dos diálogos socráticos é R. ROBINSON, *Plato's Earlier Dialectic*, Oxford, 1953. Dele parte uma série de textos dirigidos ao aprofundamento da técnica do *elenchos*: G. VLASTOS (ed.), *The Philosophy of Socrates*, New York, 1971; G. X. SANTAS, *Socrates, Philosophy in Plato's Early Dialogues*, London/Boston/Henley, 1979; a série de artigos publicados nos *Oxford Studies in Ancient Philosophy*, assinados por vários autores, entre 1983 e 1985, em resposta aos textos de G. Vlastos, iniciados por: The Socratic Elenchus, *OSAPh* 1, Oxford (1983) 27-74; e ainda o texto que sintetiza todo o debate, G. VLASTOS, Elenchus and Mathematics, in *Socrates' Ironist and Moral Philosopher*, que contém a posição final de Vlastos sobre o *elenchos* (integrada no artigo Socrates, *Proceedings of the British Academy* LXXIV [1988] 89-111, traduzida e ampliada em: Socrate, in M. CANTO-SPERBER (org.), *Philosophie Grecque*, Paris, 1997, 123-144. Numa perspectiva complementar desta, que visa esboçar uma estrutura comum a estes diálogos, é relevante referir V GOLDSCHMIDT, *Les dialogues de Platon*, Paris, 1947.

9. Como mostrou R. Robinson (op. cit., 33), a *epagôgê* não pode ser confundida com uma indução, por não passar do exame de casos particulares a uma conclusão geral, limitando-se a extrair uma conclusão amplificante, a partir de um conjunto restrito de exemplos. Deverá, portanto, ser entendida como um caso de raciocínio por analogia.

10. "A coragem" no *Laques*; "a piedade" no *Eutífron*; "a sensatez" (*sôphrosynê*) no *Cármides*; "a justiça" na *República* I; globalmente, "a virtude" no *Mênon*; e, em síntese, no final do diálogo, "a amizade" no *Lísis*.

11. A primeira posição acha-se condensada em J. T. SANTOS, Knowledge in Plato's Elenctic Dialogues, in K. BOUDOURIS (ed.), *The Philosophy of Socrates*, Athens, 1991, 303-307. A segunda é a de Vlastos em Socrates and the Elenchus (ver acima, nota 8).

num ponto essencial para a questão aqui tratada: a demonstração da invalidade do saber dos interlocutores é feita através da sua refutação. Vejamos, portanto, como funciona esta.

À partida, põem-se duas possibilidades: numa, o interlocutor dá uma resposta formalmente satisfatória, adequada ao desenvolvimento imediato da refutação; na outra, não dá, portanto precisa ser instruído. Comecemos pela primeira possibilidade, deixando a outra para depois.

O interlocutor é refutado quando aceita uma proposição — o *antilogos* — que contradiz o *logos* apresentado como resposta à pergunta inicial de Sócrates, ou outro a ele associado. Formalmente, o processo é muito simples.

Por exemplo, se à pergunta "O que é X?" a resposta é "X é Y", a refutação é conseguida se o interlocutor acaba por aceitar:

1) casos de X que reconhece como não sendo Y;
2) casos de Y que reconhece como não sendo X;
3) qualquer argumento que estabeleça a desigualdade de X a Y[12].

O que tipicamente acontece numa refutação é termos Sócrates a perguntar e os interlocutores a responder, quase como numa conversa comum, embora determinada por regras estritas. Mas é capital distinguir a resposta à pergunta inicial — o *logos* — das que será obrigado a dar no curso do *elenchos*.

Por vezes, Sócrates começa com uma observação casual acerca da resposta, reforçando o tom coloquial. Mas não tarda a entrar no assunto, propondo uma ou mais proposições, relacionadas com a resposta inicial e aceitas por consenso.

O que consegue com essa estratégia é estabelecer uma base de acordo, que passa depois a examinar através da consideração de exemplos, por fim amplificados mediante um argumento de tipo indutivo (*epagôgê*). Como o assentimento do interlocutor é obtido a cada um dos passos do raciocínio, é muitas vezes com surpresa que este descobre achar-se a conclusão atingida (*antilogos*) em contradição com a resposta inicialmente avançada.

É da contradição que resulta a aporia, que ao mesmo tempo invalida a resposta e as pretensões do interlocutor ao saber. O termo "aporia" significa "sem passagem" e caracteriza a impossibilidade de progressão de um raciocínio, assente em duas proposições contraditórias.

---

12. Este é o caso da refutação da terceira definição do *Eutífron* (10a-11b). Nós a estudaremos no capítulo seguinte.

O PROBLEMA DAS REFUTAÇÕES SOCRÁTICAS

Esquematizando:

A. pergunta: *"O que é X?"*; resposta: *"X é Y"* (*logos*).
B. conjunto de proposições coordenadas com o *logos*;
C. exemplos;
D. amplificação indutiva (*epagôgê*): *antilogos*;
E. aporia.

Caracterizando a estrutura do *elenchos*, podemos com nitidez distinguir duas partes: um bloco "tético" (A-B) seguido de um bloco "antitético" (C-D). Podemos perceber melhor o funcionamento do esquema examinando um caso paradigmático: o da refutação da segunda definição de coragem, apresentada no *Laques* (192b-193e): "Uma certa força de alma".

Sócrates começa por pôr reservas à relação entre "força" e "coragem", mas logo passa ao exame da definição. Eis uma esquematização do argumento:

1. a coragem é uma das coisas nobres;
2. tal como a força, associada à sensatez (*meta phronêseôs*);
3. [pelo contrário] a força, associada à insensatez (*met'aphrosynês*), não pode considerar-se nobre;
4. logo, esta força não é nobre, enquanto a coragem é.
5. portanto, a força sensata (*phronimos*) é coragem.

Todas essas proposições (1-5: incluem-se na seção B, acima) são concedidas pelo interlocutor, que, ao concordar, se limita a assumir como respostas suas as perguntas que Sócrates lhe faz. Por exemplo: "Achas que X é Z?" (B.1). Ao responder "Sim" ou "Não", ele permite que aquilo que lhe foi perguntado seja entendido como uma afirmação ou uma negação suas: "Eu penso (ou não) que X é Z".

Note-se, porém, que, como é habitual nesta fase da refutação, as teses indiretamente sustentadas não representam o autêntico pensamento do interlocutor. Para ele, não passam de meras concessões *ad hoc*, que podem ser incluídas nas concepções de um homem comum acerca da virtude, em geral, neste caso da coragem.

Mas precisamente pelo fato de não representarem seu pensamento autêntico é que Sócrates lhe exige que as assuma como suas[13] (de resto, a origem

---

13. Como veremos, é essencial para o desenrolar da refutação que o interlocutor *acredite nas respostas que dá*, que as tome como suas, numa palavra, que seja sincero e autêntico, *que faça seu aquilo que concede*. Sócrates faz repetidas vezes este pedido a seus interlocutores, mas só no *Górgias* (472a-c, 474a, 476a) dedica algum tempo a mostrar a Polo as razões por que o faz.

das noções não é importante para ele). Como veremos, é nessa convergência da autenticidade com a coerência que se assenta a ideia do "consenso interior", adiante desenvolvida.

Atingida a conclusão desejada, Sócrates passa aos exemplos (C, acima). Começa por examinar casos que envolvem a tomada de decisões delicadas, como os de um financeiro que arrisca um investimento, ou de um médico que insiste na obediência rigorosa a uma dolorosa terapêutica por ele prescrita.

Naturalmente, Laques não reconhece qualquer dos casos como autênticas instâncias de coragem, uma vez que, para ele, esta se manifesta sobretudo no campo de batalha. Sócrates, que já esperava essa reação, aproveita para o confrontar com uma série de exemplos nos quais se revela o conflito que quer explorar.

O primeiro é o de dois combatentes: um que defende uma posição difícil, sabendo que o auxílio chegará em breve, e outro que a ataca, cônscio de que a sua vitória terá de ser rápida. O segundo é o de dois cavaleiros, um hábil, outro inábil. O terceiro, o de dois homens que descem a um poço, um sabendo como fazê-lo, o outro não. Em todos os casos, Laques considera corajoso o que arrisca sem saber, com as probabilidades contra si.

Tal separação, oposição mesmo, entre a coragem e o saber basta para que Sócrates prontamente o force a reconhecer achar-se perante casos de força insensata (D), logo, não de coragem, e em flagrante contradição com as proposições antes concedidas (B: 1-5).

Que conclusões nos permite esta análise da refutação? Obrigado a escolher entre duas concepções de coragem — uma "ousada" mas "temerária", outra "sábia" mas pouco "ousada" —, Laques reconhece achar-se na aporia. Só pode escapar a ela apresentando uma nova resposta à pergunta. Mas não se acha em condições de fazê-lo, em virtude da divisão íntima que a refutação revelou. Esta torna-lhe impossível chegar a um consenso interior, pelo fato de não lhe permitir ficar de acordo consigo próprio.

Como a generalidade dos seus concidadãos, o general pensa que a coragem é nobre, logo sensata, mas, também como muitos deles, não pode deixar de considerar corajosa a resistência desesperada e inútil. É essa falta de consenso consigo mesmo que o impede de progredir, não o fato de sua resposta estar errada, de ser "falsa". De resto, nada na metodologia de Sócrates lhe permite provar a falsidade, ou o erro, seja do que for.

Por outro lado, é claro que o erro é totalmente alheio à sua estratégia refutativa. Pode acontecer que um interlocutor esteja errado e se recuse a reconhecê-lo, desarmando Sócrates (é o flagrante caso dos dois irmãos erísticos, no *Eutidemo*).

Pode até acontecer que esteja certo (na perspectiva platônica), mas mostrar-se incapaz de defender sua definição[14].

Por essa razão, é essencial reconhecer que o *elenchos* não oferece qualquer possibilidade de produzir certeza ou de denunciar objetivamente erros cometidos pelo respondente. Para tal, seria necessária uma base, nitidamente objetiva, que o debate dialógico não pode proporcionar. Parece, portanto, não ser possível avançar para lá do simples acordo ou desacordo dos investigadores[15].

Este fato explica que, aos nossos olhos, o método pareça ser apenas destrutivo e insuscetível de proporcionar progresso no conhecimento, pelo fato de avançar ao acaso, sem agregar os dados cumulativamente estabelecidos. Encará-lo assim, porém, é não ter em conta as suas virtualidades purificadoras e pedagógicas (ver *Górg.* 471e).

De outro modo, nunca poderemos aceitar o indiscriminado uso e abuso da ambiguidade e do equívoco a que Sócrates recorre nestes diálogos (abundantemente documentado no próximo capítulo), bem como as falácias em que eventualmente incorre. Nos debates, é quase certo que ele e o seu interlocutor não conferem o mesmo significado ao termo em torno do qual gira a investigação[16]. Por isso, nas refutações Sócrates encara o objeto da investigação de perspectivas que invariavelmente acentuam a incompreensão do outro.

Mas isso acontece porque ele nunca está interessado em saber o que o interlocutor *queria dizer*, mas em testar a avaliação que o outro faz das consequências da afirmação apresentada. Ora, como todos os passos do argumento foram expressamente aprovados pelo interlocutor, quando a contradição se verifica, Sócrates não faz mais do que o forçar a reconhecer esse fato.

---

14. É, por exemplo, o caso da terceira definição de Cármides — "fazer o que lhe compete" — no *Cármides* (161b-162b). A mesma definição aparece no Livro IV da *República* (443b-444a), identificada com a justiça e a unidade harmoniosa da alma.

15. É já extraordinário que a escrita dialógica tenha conseguido fixar numa *investigação* o que se oferece como um mero debate, por vezes não mais que um confronto. Essa unificação do debate é conseguida pela pergunta "O que é?", que prende os interlocutores a um tópico, inquirindo especificamente acerca da sua natureza. Na ausência da pergunta "O que é?", o debate corre como um confronto de posições opostas. É o que ocorre, por exemplo, no *Hípias menor*, constituído por duas refutações das teses de Hípias: 1) a natureza do mentiroso: 365d-369b; 2) a inferioridade de Ulisses, em comparação com Aquiles: 369b-376c. Nesse caso, torna-se difícil definir a unidade do diálogo, que se assemelha a um mero confronto verbal.

16. É evidentemente o caso do diálogo com Mênon sobre a *aretê*, no diálogo a que este deu o nome, como veremos.

O mesmo se poderá dizer das falácias cometidas por Sócrates[17]. Em geral, seja qual for a falta cometida, não podemos esquecer que o interlocutor lhe deu o seu assentimento. Esse fato, bem como as finalidades pedagógica e construtiva da investigação concorrem para a absolvição de Sócrates da sua responsabilidade no erro.

Neste caso, notemos como a refutação contribui para que Laques se ache em condições de superar a sua dificuldade. Primeiro, porque o reconhecimento da aporia o libertou do falso saber que o impedia de investigar. Em segundo lugar, porque, tendo localizado a dificuldade, se acha talvez em condições de erradicá-la (ver *Mên.* 84a-d).

As hipóteses são três:

1. optar pela coragem sem saber (*tolma*: 193d — a tal "força insensata");
2. optar pela coragem com saber, mas sem ousadia[18];
3. reconhecer a incapacidade de decidir.

Na sequência do diálogo opta pela primeira, mas falta-lhe quer a ousadia de negar a associação da coragem à virtude, quer a capacidade para reconhecer o valor do saber. Seja como for, ficou a saber que não sabia. Até aí foi a sua aprendizagem, mas daí não passou.

Eis o funcionamento básico do *elenchos*: tanto o do método de investigação como o da refutação propriamente dita. Mas é de esperar que em outros contextos dialéticos as disputas corram de modo diferente. Laques comporta-se como um amigo, quase discípulo de Sócrates (189b), debatendo-se com a sua perplexidade (uma boa tradução de *aporia*) até reconhecer a derrota.

Outros, pelo contrário, manifestam o maior apego às suas posições, exibindo, nos casos de Polo e Cálicles no *Górgias*, Protágoras no *Protágoras* ou Trasímaco na *República* I, diversos graus de resistência à refutação:

1. recusando a estrita aceitação das regras impostas;
2. reformulando as teses apresentadas para evitar a contradição;

---

17. Algumas com evidente consciência do fato, outras não. Neste domínio, porém, devemos levar em conta que o contexto dialético dos debates nem sempre permite respeitar a exigência de univocidade dos conceitos, não podendo os termos e os debates ser retirados do ambiente em que Platão os insere.

18. No *Protágoras*, o sofista é confrontado com a posição de Laques. E rejeita-a energicamente (349e-351b). A rejeição da ousadia vai obrigá-lo a aceitar que a coragem só pode ser saber, concorrendo para a refutação da sua concepção da coragem como virtude distinta das outras. Mas aquela é muito mais refinada que a de Laques.

3. invocando falácias cometidas por Sócrates;
4. remetendo-se a um silêncio ressentido ou até desdenhoso.

Nestes casos, a habitual denegação do valor do seu saber chega a levar Sócrates à defesa de posições concretas, que eventualmente excedem o âmbito do debate (como a tese de que "mais vale sofrer a justiça do que a cometer": *Górg.* 469b ss.). Certo é, porém, que em nenhum lugar Sócrates afirma *saber* tais coisas, pelo menos no sentido de poder recusar-se a debatê-las[19].

2. Refutação e saber

Podemos agora passar à segunda possibilidade, que acontece quando o interlocutor apresenta uma definição inaceitável, nos termos da estratégia refutativa de Sócrates.

É o caso do *Mênon*. A dificuldade aqui é complexa, porque Mênon começa por presentear o filósofo com uma pergunta a que ele não quer responder: "Pode-se ensinar a virtude, nasce-se com ela ou se a adquire pelo exercício?"

Sócrates recusa-se a responder-lhe, objetando que "Quem não sabe o que é (*ti estin*) [a virtude], como pode saber de que qualidade (*hopoion ti*) [ela] é?" (71b).

Consequentemente, o diálogo é orientado para responder à pergunta "O que é a virtude?"[20], ficando claro que do encontro de uma resposta para ela dependerá a resposta a qualquer outra pergunta. Daqui se pode concluir que só a interrogação sobre a natureza de uma entidade, a sua realidade, aquilo que "ela

---

19. Quando, no *Górgias* (479e, 508e-509a), Sócrates insiste na força da sua demonstração, limita-se a reiterar que a discussão precedente provou a verdade dos seus argumentos contra os dos seus opositores e que estes são obrigados a reconhecer esse fato. Não nos parece que, de algum modo, esta posição polêmica seja inconsistente com a denegação do valor do saber (contra G. Vlastos; ver The socratic elenchus e a bibliografia nele citada). Note-se como, na *República* I, *depois* de ter energicamente refutado a tese de Trasímaco de que "a justiça é o interesse do mais forte" (338d), Sócrates reconhece nada saber, interrogando-se sobre se a justiça "... é ou não uma virtude e se quem a possui é ou não feliz" (354c). Notar ainda a mesma atitude na conclusão do passo do *Górgias*, acima citado (508e-509a), alegadamente "demonstrativo" (a propósito do mesmo passo, este traço é referido por Vlastos como "extremamente paradoxal": op. cit., 84).

20. O termo grego *aretê* pode ser entendido de diversas perspectivas. Para Sócrates, refere uma entidade — a virtude —, princípio determinante da ação, com um sentido primordialmente ético. Mênon, como qualquer aristocrata, encara-a como um atributo do comportamento do homem "bem nascido" ("belo e bom": *kalos k'agathos*): a "excelência", ou "perfeição".

é", pode conduzir ao saber[21]. Como vimos, é essa a lição que colhemos da quase totalidade dos diálogos sobre a virtude, que partem exatamente da pergunta "O que é?" essa virtude.

Baste-nos, portanto, reter o princípio metodológico segundo o qual a única pergunta que visa ao saber é aquela que inquire "o que é?". Dela dependem todas as outras. Todavia, a orientação da investigação para a pesquisa de uma entidade implica um conjunto de exigências que as respostas terão de satisfazer.

Têm de visar a uma única entidade, idêntica em todos os casos que conhecemos e nomeamos com um único nome (*Mên*. 72a-73c; vide *Eut*. 5d, 6d-e; *Laq*. 191d-192b; *Híp. mai*. 287b ss.), apesar de aquela ser visível numa pluralidade de exemplos, por vezes contrários uns aos outros (*Mên*. 73d-76a).

No *Mênon*, Sócrates está à procura do "um sobre muitos", daquela entidade, dotada de um nome que lhe é próprio, que dispensa a todas as suas instâncias, ou casos concretos, por exemplo "abelha" (72a-b), "figura" (geométrica: 74b ss.), "cor" (74c ss.). Todas essas naturezas caracterizam uma infinidade de indivíduos análogos, mas as duas últimas oferecem-nos um problema mais delicado que a anterior, pois as figuras distinguem-se umas das outras por características opostas: triângulo, quadrado, círculo etc. Por sua vez, a cor só pode ser definida através de uma caracterização exterior à sua natureza (76c-e).

Acima de tudo, o objeto do questionamento é aquilo "que existe em" cada natureza individual, bem como nos infinitos indivíduos, distintos uns dos outros, incluídos nessa Forma[22]. Atribui a essa natureza um poder causador, que considera responsável pelo fato de cada coisa ser o que é e consequentemente poder ser referida por um único e mesmo nome e descrição. Este é o alvo das investigações: ser capaz de identificar essa natureza e descrevê-la com um *logos*.

No *Laques*, Sócrates não consegue ser tão claro. Mas no *Eutífron* as suas exigências tornam-se particularmente difíceis de satisfazer. É preciso que a resposta dada possa substituir-se ao nome da entidade sobre a qual é feita a pergunta (*Eut*. 11a), ou seja, que valha como a sua definição e, por último, e mais

---

21. E o diálogo sugere implicitamente uma razão para que assim seja: porque só o questionamento da realidade de algo (da virtude, neste caso) pode nos dizer "de todo" (*to parapan*: 71 a6, b3, 5, 80 b4, d6) o que ela é. A exigência é difícil de entender hoje. Pois é claro que muito se poderá saber de algo, ou de alguém, que não sabemos o que ou quem é. No contexto do *Mênon*, porém, a exigência corresponde à finalidade programática de investigar uma entidade, "que é" e "é aquilo que é", questionando diretamente a sua natureza.

22. Esta descrição da Forma apresenta um caráter imanente, correspondendo à concepção de Anaxágoras segundo a qual as coisas são constituídas por aquilo que nelas existe (DK59B3, 4, 5, 6, 7, 10, 11, 12).

importante que tudo, que nela esteja patente, seja revelada, a natureza própria dessa "entidade" (*ousia*: 11a), que diz "aquilo que ela é".

Expostas desse modo, fora dos contextos dialéticos em que surgem, estas exigências parecerão misteriosas e inteiramente arbitrárias. E, no entanto, não são. Mas não é fácil mostrar por quê, pois analisá-las implica prestar atenção a outro grupo de diálogos no qual Sócrates se concentra nas questões que acima, nos diálogos socráticos referidos, aparecem nos momentos iniciais do *elenchos*.

3. A natureza do saber

Como vimos, a refutação socrática[23] tem um efeito paralisante sobre aqueles que atinge, não permitindo o avanço ou o recuo dos seus discursos. De modo que, mesmo quando o interlocutor a rejeita, a evidência pública da contradição é bastante para humilhá-lo e destruir as suas pretensões ao saber. O próprio Sócrates chama a atenção para o fato quando menciona o prazer que os jovens sentem em ouvi-lo imitá-lo (*Ap*. 23c: pretexto talvez invocado para fundamentar as acusações de corrupção de jovens e de impiedade).

Mas a questão mais importante ficou ainda por resolver. Afinal, o que é o saber? Que entidade ou estado de alma é esse que se tem ou não se tem "de todo" (*to parapan*), que força um homem a oscilar entre posições tão irredutivelmente opostas quanto a ignorância total e a perfeita irrefutabilidade, com exclusão de qualquer outra alternativa?

Estas não são perguntas a que os diálogos respondam, e é natural que assim aconteça, porque para a generalidade dos gregos cultos *deveriam* ter respostas evidentes e indiscutíveis. É para nós, hoje, educados numa concepção de saber tão profundamente diferente da deles, um mistério intransponível.

Sabemos só o que Platão nos diz e nos deixa entrever: que o saber é perfeito e irrefutável, nisso se distinguindo da opinião, mesmo a verdadeira (*Mên*. 98b[24]).

---

23. E não só; ver ARISTÓTELES, *Ética a Nicômaco* VII 3, 1146 a22-27: "Os sofistas querem refutar para mostrar habilidade e, quando o conseguem, o raciocínio obtido produz a aporia: pois a mente fica encadeada, quando não se quer deter, por um lado, por não poder aceitar a conclusão, e, por outro, por não poder avançar, ao ser incapaz de desenlaçar o argumento".

24. A questão não se acha isenta de paradoxo, porque qualquer proposição verdadeira, *na exata medida em que for verdadeira*, não se distingue do saber! E, no entanto, Sócrates sustenta que os dois não podem se confundir. Por quê? Precisamente porque o saber *nunca* pode deixar de ser verdadeiro, enquanto a opinião verdadeira pode (a questão apresenta um recorte ontológico, que só no *Sofista* 263b será anulado). A comparação serve para nos mostrar

E que qualquer *sophos* ("sábio", "homem sabedor") é infalível, e, portanto, nunca poderá ser refutado. E de tal modo o saber afeta aquilo ou aquele que com ele tenha contato, que não só será irrefutável qualquer proposição que se considere saber, como qualquer homem que resista à refutação se poderá considerar sábio.

Bastará o rigor dessas exigências para nos fazer ver sob outra luz a denegação socrática do valor do saber humano, bem como a sua insistente declaração de nada saber. Todavia, posta nestes termos, a questão ameaça tornar-se trivial: é claro que nenhum homem poderá atingir um saber infalível!

Não é, porém, assim tão simples. Lembremos que Sócrates refere (*Ap.* 18c; e confirma: 20d-e) o fato de os atenienses o terem na conta de sábio. E mais, que o próprio deus assim o declara. E por quê? Ora, se no primeiro caso as razões são vagas ou obscuras, no segundo não. Ele mesmo o explica. Por nada mais do que por ser o único homem que *sabe* que *não sabe*[25].

E voltamos a cair na obscuridade. Começamos com o enigma de Sócrates: é ou não sábio? Passamos depois ao enigma do deus: por que apontará ele Sócrates como o mais sábio dos homens? E acabamos no enigma do saber: que relevância pode ter para um homem se, na verdade, é inatingível?

Talvez a solução se ache na conjunção dos três enigmas num único. Ao considerar Sócrates o mais sábio dos homens, o deus não faz mais do que apontar o saber — divino, inatingível, irrefutável — como o *único critério* que todas as tentativas humanas de saber não poderão deixar de respeitar! Por muito inacessível que seja aos mortais — essa é uma das mais sóbrias lições que Sócrates nos dá —, o saber é um ideal a que nenhum homem jamais poderá renunciar:

> Se disso for capaz, ousaria sustentar contra todos, com palavras e atos, que devemos investigar aquilo que não sabemos, e que assim seremos melhores, mais viris e menos preguiçosos do que se pensarmos que não sabemos e não somos capazes nem de encontrar, nem de investigar (*Mên.* 86b-c).

---

que tanto a opinião como o saber não podem ser reduzidos às proposições que os exprimem. Outro importante aspecto distingue a opinião do saber. É que só este se pode *aprender e ensinar* (*Mên.* 87c), enquanto a opinião é transmitida pela persuasão (*Tim.* 51e). Mas esta consequência abre a porta a problemas que aqui não podem ser abordados.

25. Será este o motivo que o leva a contrastar o seu "saber" com o dos outros homens, considerando-o propriamente "humano", enquanto o deles será "mais que humano" (20d-e). Humano significará "consciente da sua limitação", em perfeita coerência com a ideia de que o deus o terá escolhido como exemplo do nulo valor do saber humano (23a-b).

E a lição é bem necessária, pois, se o saber é um ideal inalcançável, não haverá razões para persegui-lo. Consequentemente, a humanidade afundar-se-á na eterna confusão das opiniões contraditórias: umas com as outras e consigo próprias. Eis o sentido último do enigma divino.

Mas então, se o saber divino é o critério que deve guiar toda a investigação, como foi que Sócrates o descobriu? (Pois já tinha chegado a essa conclusão *antes* de o deus o ter escolhido: 21b). Que sinal o guiou? Só pode ter sido algum, dado pelo próprio saber, expresso na sua integridade, ao qual chegou através da sua autoinvestigação. É esse estado de convicção íntima, de completa ausência de vacilação, que o leva a persistir num curso de ação, ou numa razão, *apenas pelo fato de não receber qualquer sinal que lhe seja contrário*[26].

Comparemos dois estados de espírito paralelos. Aquele em que, dirigindo-se aos juízes que o absolveram, invoca a ausência de um sinal divino, que o tivesse impedido de sair de casa, ou de dizer o que disse no tribunal, para certificar que o que lhe aconteceu foi um bem (*Ap.* 40a-c). E a justificação que habitualmente apresenta para continuar a pressionar os seus interlocutores: a de fazê-lo só para esconjurar o perigo de "julgar saber, não sabendo" (*Cár.* 166c-d; ver *Górg.* 458a-b; *Mên.* 80c).

A lição é preciosa demais para poder passar despercebida. Mostram estes passos que Sócrates afirma continuar a inquirir enquanto não se considerar satisfeito com as respostas que encontra. E que, *como nunca tem razões para se considerar satisfeito com qualquer resposta, não pode considerá-la definitiva, certa.*

Pode esta atitude confundir-se com a de um cético (que tem o saber por inatingível), com a de um cínico (que ri da credulidade dos homens), com a de um místico (que espera achar noutro mundo aquilo que este não lhe pode dar)? Sim e não!

Sim, porque o saber é mesmo inatingível para um homem. Não, porque nem por isso poderá escusar-se a buscá-lo. Sim, porque os homens são ridículos e vãos na mesquinhez da sua autocomplacência. Não, porque de nenhum Sócrates se ri mais do que de si próprio. Sim, porque só no além se poderá conhecer toda a verdade. Não, porque, se não a buscarmos aqui, nem no além haveremos de encontrá-la.

Então, achamo-nos perante uma dúvida hiperbólica, tateando no infinito insondável do saber, incapazes de encontrar uma certeza em que se apoie: psicológica, epistemológica, ontológica ou mística.

Sócrates então seria um outro Descartes, só que ainda mais radical?! Não, e por duas razões associadas. Primeira, porque ao contrário do racionalista

---

26. Lembremos que as intervenções do *daimonion* exprimem sempre uma oposição, uma censura (40a, *Fedro* 242b-c).

moderno não encontra a certeza na reflexão sobre a natureza do saber, ou na dúvida; segunda, porque não a extrai da meditação sobre si próprio, como sujeito, mas da *evidência da confrontação das experiências opostas da sabedoria e da ignorância*. Pois, tal como lhe não é possível saber que sabe, lhe é impossível ignorar que não sabe. Essa é a sua única certeza!

Mas não se deixa ficar aprisionado nela. Vai ao encontro dos outros, em busca do saber que sabe que não tem e que em si não encontra (*Teet.* 150b-151a), seguro de não poder perder. Ou o encontra, ou converte a humanidade à necessidade de procurá-lo. A circunstância de morrer no processo, tão casual quanto inevitável, parece-lhe perfeitamente irrelevante.

4. Alcance e implicações da ideia do "consenso interior"

A ideia da busca do consenso interior poderá ter origem na prática política. Com a implantação da democracia, a orientação de Atenas passa a depender do consenso dos cidadãos. Isso significa que as mais importantes decisões — deliberativas, executivas ou judiciais — passam a resultar de votações em que triunfa a maioria. A cidade passa a ser governada por consensos.

Em teoria, o processo parece-nos ser mais justo e correto do que aquele em que a maioria é obrigada a submeter-se à vontade, aos caprichos ou aos interesses de uma minoria. Mas poderá o critério imposto pela democracia assegurar uma conduta isenta de erro?

Não será preciso pensar nas contradições que assolam Atenas durante as três últimas décadas do século V, quase inteiramente dominada pela sucessão de triunfos e desastres que foi a Guerra do Peloponeso, refletidas no longo período de desorientação que lhe sucedeu, para responder à pergunta com uma veemente negativa. A que se deverá então a falha de um sistema que não se percebe como poderá ser melhorado?

Pensando, por exemplo, na inconstância das opiniões dos homens, que se mostram capazes de tomar as mais tremendas decisões num dia para invertê-las no outro[27], en-

---

27. Neste domínio, em que os exemplos podem acumular-se *ad nauseam*, escolhemos dois. O primeiro é o famoso "diálogo de Mitilene" (Tucídides TTT 35-50), que relata como a Assembleia decidiu anular a sentença de morte a que condenara todos os mitilenenses, no dia seguinte a tê-la votado. O segundo é o caso dos generais vencedores da batalha das Arginusas, julgados, condenados e executados conjuntamente, de forma ilegal (ver *Apologia* 34b; XENOFONTE, *Memoráveis* I, i, XVIII; *Helênicas* I, 7). Dias depois, a Assembleia reconheceu a ilegalidade, tendo condenado os que a tinham levado a agir mal.

contramos aí um bom motivo para a falência da gestão democrática. É o próprio Sócrates que disso nos adverte, ao opor a necessidade da busca de um princípio de ação coerente e consistentemente aplicado ao juízo dessas "... gentes que facilmente nos matariam e trariam de volta à vida, se lhes fosse possível, sem nenhum critério" (*Crít.* 48c).

E por que procedem assim os homens? Sem dúvida por se acharem em inconsciente paz com o que intimamente os divide; e de tal modo que acham natural que o que lhes parece bem num momento logo no seguinte possa parecer-lhes mal. Porque julgam e decidem com íntima parcialidade, sem investigar a fundo a natureza das questões e a razão que julgam assistir-lhes.

Que fazer para obstar a tamanha inconsistência? Talvez investigarem-se a si próprios, em busca de uma razão solidamente estribada num critério bem testado. E que melhor teste para esse critério, para qualquer juízo, afinal, do que o estabelecimento de um acordo durável e criticável, pelo exercício da racionalidade? Pela busca de um consenso interior acerca de todos os juízos e decisões?

A ideia do consenso interior consistirá então na tentativa de eliminação de toda possibilidade de contradição, na certeza de que, quando isso acontecer, ter-se-á chegado ao estado de infalibilidade, muito embora não haja garantia de esse estado poder alguma vez vir a ser atingido. Será esse então o objetivo visado pelas investigações de Sócrates: simplesmente eliminar qualquer possibilidade de desacordo de cada um consigo próprio[28].

Não nos parece oportuno criticar aqui este ponto de vista, examinar a exequibilidade de tal projeto de vida ou, pelo contrário, defender os seus méritos, como ideal de comportamento. É o próprio princípio que nos interessa, como legitimação da prática levada a cabo por Sócrates nos diálogos.

É que acerca de qualquer questão os homens só podem ter opiniões. Nisso são todos iguais uns aos outros. Mas o fato não implica que as suas opiniões se achem todas no mesmo nível. O que é afinal uma opinião e como se chega a ela?

Qualquer opinião se manifesta como resposta a uma pergunta, à qual se chega através do exercício do pensamento, ou da reflexão. É sobre esse exercício que os diálogos socráticos nos documentam: uma refutação não é mais do que um argumento que considera a mesma questão de urna diversidade de pontos de vista.

---

28. Lembremos como a *República* IV mostra que a divisão interior e o subsequente conflito ocorrem entre as partes da alma! Optando pela via da racionalidade, Sócrates está reforçando na "alma calculativa" o poder único de regular as outras duas, negando-lhe implicitamente essa capacidade.

A pergunta "O que é?", tal como a exigência de correção visam apenas à introdução de critérios formais que permitam a avaliação da resposta[29]. São estes que determinam as condições em que um *logos* pode ser aceito como uma definição:

1) deve visar a uma entidade, com as características acima enunciadas;
2) deve ser capaz de descrever por palavras a natureza desta.

Em termos simples, uma definição deve constituir a descrição de uma realidade concreta, de um modo definido.

Só se estas exigências forem satisfeitas é que a refutação poderá consistir no processo argumentativo pelo qual o interlocutor é obrigado a conceder a Sócrates a desigualdade ou não equivalência dos dois termos da definição (da qual resulta a sua rejeição). A sucessão das refutações num diálogo documenta o modo como o *elenchos* produz o refinamento das respostas.

Globalmente encarada, a metodologia deve poder progredir até o momento em que uma definição se mostre irrefutável, ou seja, em que a refutação não seja possível, porventura pelo fato de constituir uma adequada descrição da entidade visada.

Mas isso nunca acontece porque os interlocutores não dominam a metodologia, nem conhecem dela os pressupostos e as finalidades, além de que a natureza da busca mostra que o próprio Sócrates não é capaz de investigar sozinho. Por essa razão, podem, como vimos, chegar a apresentar opiniões cujos méritos são incapazes de defender[30]. Mas isso só pode acontecer porque *são eles* que são refutados, não as respostas que dão[31], pois são eles o garante e o suporte da consistência das resposta, avaliada pelo teste do consenso interior. É por isso que sem interlocutores não há investigação. Mas não só! Literalmente, toda a investigação *é sobre eles*[32].

---

29. Responder com exemplos, apresentando definições ostensivas ("a piedade é o que eu agora faço...": *Eut.* 5d), impossibilita qualquer crítica, porque o arbítrio do respondente se oferece como critério absoluto de validação da resposta.

30. Situação que só reforça o sentido da exigência de autenticidade quer na apresentação das respostas, quer na aceitação das perguntas adicionais de Sócrates.

31. Quanto a este ponto, é bem clara a advertência da *Carta* VII 343b-e. Perante a dificuldade ou impossibilidade de dar respostas que respeitem a natureza da entidade visada, a refutação é o resultado natural de um interrogatório bem orientado e conduzido.

32. Este processo é particularmente notável em três passos sucessivos do debate com Polo, no *Górgias*. Em 472a-c, Sócrates refere-se à inutilidade, para a apuração da verdade numa investigação, dos testemunhos de outros, como os que são apresentados num tribunal. A ele, pelo contrário, só lhe interessa um: o do seu interlocutor (474a). Em 475e-476a, atingido o primeiro momento da refutação, ilustra com esse exemplo o sentido das suas exigências anteriores. Polo pode apresentar uma infinidade de testemunhas do seu lado, mas a Sócrates uma lhe basta: a dele próprio. A comparação com a prática forense é pertinente. Enquanto

Por outro lado, a refutação evidencia quão longe se acham de saber, *do* saber e, portanto, dessa infalibilidade que, apesar de tudo, todos aceitam como critério distintivo do valor de um homem, *tal como* da qualidade das suas declarações. Mas mostra também que estas não podem ser avaliadas independentemente daquele que as apresenta. E, nessa medida, quanto a verdade — que só pode qualificar as respostas dadas — é estranha à prática da metodologia elênctica[33].

Idealmente, o processo deve poder conduzir, através da repetição dos interrogatórios (*Mên.* 85c-d), da opinião ao saber. Mas nada garante que o saber, o que quer que esse patamar represente (a questão será abordada adiante), possa vir a ser atingido.

Nesse sentido, o método parte da opinião e permanece encerrado nela. Quanto à opinião verdadeira, só poderá ser entendida de modo provisório, como uma condição necessária para chegar a saber e o início do processo a caminho do saber.

Neste domínio, achamo-nos muito longe de Platão, pois é muito mais interessante para Sócrates sustentar que todos os homens têm em si opiniões verdadeiras, que podem ser despertadas pelo interrogatório (*Mên.* 85c-86b), do que constituir "a Verdade" como objetivo de uma investigação[34], ou de um homem, ou, mais modestamente, a verdade como uma propriedade das proposições.

Avaliando globalmente a metodologia descrita, parece-nos ser claro que assenta em concepções correntes na Atenas culta dos séculos V-IV, bem como numa prática dialética igualmente corrente. Na perspectiva aqui apresentada, nenhuma destas implica o envolvimento ideológico e doutrinal com que estamos habituados a ver apreciada a TF e as suas derivações epistêmicas e dialéticas.

Esta interpretação salienta ainda a autonomia e a independência disciplinar da prática documentada nos diálogos socráticos[35], a sua proximidade do universo

---

nos tribunais os juízes se deixam vencer pela persuasão, no seu foro íntimo — se o debate for bem conduzido —, cada um se deixará guiar exclusivamente pela razão.

33. A não ser figurativamente, a que resulta da coerência das respostas umas com as outras, suportada pelo teste que visa demonstrar a inconsistência do respondente.

34. Embora seja o fato de visar a essa verdade que converte um debate numa autêntica investigação. Implícita está a noção de que a busca do consenso interior sobre uma questão não pode deixar de conduzir à verdade dos fatos.

35. Não são "investigações éticas" (estendem-se naturalmente aos domínios da política e da religião), mas refletem o interesse do Sócrates histórico pelas questões humanas, pela "natureza humana" (XENOFONTE, *Memoráveis* I 11-16; em perfeita consonância com a imagem esboçada por Platão nestes diálogos; embora não no *Fédon*).

da oralidade, em que se acha imersa a cultura grega, e ainda o seu caráter não dogmático[36].

Por sua vez, a produção platônica manifesta a sua dependência da literatura, como meio de criação, fixação e divulgação de uma mensagem cultural. Nenhuma conversa concreta poderia alguma vez exibir a unidade e a economia temática, além da identidade de processos metodológicos[37], manifestas nos diálogos.

Para rematar a abordagem dos diálogos elêncticos, falta-nos agora conceder atenção às questões neles abordadas. Isso envolve encarar Sócrates como o iniciador da revolução epistêmica que consistiu, nas conhecidas palavras de Cícero, em fazer "a filosofia descer dos céus à terra" (embora não possamos esquecer a contribuição dos sofistas para essa revolução, levada a cabo nas cidades, e em particular na cidade democrática).

Há, porém, aqui, dois aspectos associados, aos quais cumpre der atenção separada: o primeiro é saber por que terá tomado essa decisão; o segundo é compreender aonde quer ele (e aqueles que o ouvem) chegar com este tipo de perguntas[38].

O primeiro aspecto já terá sido respondido na *Apologia*, com a justificação proporcionada pelo oráculo. Sócrates investiga os homens na sequência da interminável investigação de si próprio em que se acha envolvido. Mas esta começou muito antes e não desta forma.

Se levarmos a sério a informação prestada na seção "autobiográfica" do *Fédon* (96a ss.), tempos houve em que, como os outros, Sócrates se interessou pela "investigação da natureza". Mas não pôde deixar de se sentir defraudado pelo tipo de explicações correntes para os fenômenos naturais, pela circulação das investigações sempre no mesmo tipo de questões, usando e abusando de

---

36. A não ser excepcionalmente, quando se vê obrigado a isso (é o caso do *Górgias*), Sócrates não está interessado em defender qualquer posição sua, mas, ao contrário, em aprofundar e criticar as dos seus interlocutores, que considera constituir o único meio de chegar à realidade. Note-se como, pelo contrário, rejeita a possibilidade de atingir esse resultado pelo aprofundamento das suas próprias crenças. É esse o sentido da alegação de "esterilidade" feita na famosa exposição da maiêutica (*Teet*. 150b-151d; ver adiante a confirmação prática desta perspectiva: 154d-e).

37. Neste caso, a comparação com as *Memoráveis*, de Xenofonte, é bem esclarecedora. Ver C. KAHN, *Plato and the Socratic Dialogue*. The Philosophical Use of a Literary Form, Cambridge, 1996, 29-35, que nos parece conter uma rica visão de conjunto dos diálogos dos chamados "primeiro e segundo períodos".

38. Sobre o sentido e o alcance do gênero que ficou conhecido com a designação *sókratikos logos*, é indispensável alguma bibliografia recente. Nela avulta a obra de C. KAHN citada na nota anterior, além de uma série de estudos de L. ROSSETTI, citados no seu: O diálogo socrático "aberto" e sua temporada mágica, *Hypnos* 16, São Paulo (2006) 1-16.

uma linguagem impotente para penetrar o real e compreender "por que é que as coisas são como são" (97b-99c).

Foi desse modo que ele foi conduzido à sua "segunda navegação". Mas essa — em virtude dos pressupostos metodológicos em que se assentava — levava-o para questões diferentes das da "história natural". Terá sido assim? Talvez, mas não devemos esquecer que esta é a versão apresentada pelo Sócrates platônico[39].

5. Sócrates e o saber: falácias e paradoxos — o *Eutidemo*

O *Eutidemo* é uma pérola escondida na pletórica riqueza da produção platônica. É frequentemente entendido como a mera organização dramática de um catálogo de sofismas, correntes entre sofistas, ativos na Atenas do primeiro quartel do século IV. Mas parece-nos ser muito mais do que isso.

Sem contestar que possa ser abordado desse ângulo, podemos também encará-lo como o documento que serve de definição dos limites da metodologia elênctica, logo de justificação daquela a que Sócrates recorre na obra sobre a teoria das Formas. Servirá ainda, de um modo bem mais sutil, para registrar a importância que Platão confere à eliminação dos obstáculos que se opõem à reflexão.

O diálogo narra o encontro de Sócrates e dos jovens Clínias e Ctesipo com dois irmãos sofistas, de passagem pela cidade. O par afirma publicamente sua capacidade na transmissão da virtude (273d, 274e), além de alardear sua invencibilidade em debates (275e passim).

Para provar sua extraordinária habilidade provocam primeiro os jovens, depois Sócrates, dirigindo-lhes perguntas aparentemente simples, com o intuito de fazê-los cair em contradição, graças ao seu repertório de armadilhas verbais.

É esse repertório — que constitui seu único saber — que intentam vender à assistência que os segue maravilhada, servindo-se dos dois jovens e de Sócrates como cobaias. A exibição que o debate lhes proporciona serve, portanto, a uma dupla finalidade. Por um lado, procura angariar novos discípulos, que possam pagar pelo ensino que vão receber; por outro, constitui uma demonstração prática

---

39. Como vimos acima, Xenofonte fala de um Sócrates exclusivamente interessado pela natureza humana, sem se referir a um período "naturalista" anterior. Estará certo? É que não podemos esquecer o quadro de Sócrates descrito por Aristófanes nas *Nuvens* 218 ss. (referido por ele próprio na *Apologia* 19c). É essa oscilação entre uma multiplicidade de testemunhos, sobre cuja verdade somos incapazes de decidir, que nos leva a não manifestar interesse pelo estudo do "Sócrates histórico".

da eficácia desse ensino, que os discípulos, que os acompanham e aplaudem (273a passim), devem imitar.

Ora, na lista dos 21 sofismas arrolados por Hawtrey[40], encontramos, ao lado de falácias absurdas e superficiais, alguns argumentos complexos, elaborados a partir das teses eleáticas sobre o ser, que exploram a ambiguidade das leituras do verbo grego "ser" (*einai*). A eles conferiremos atenção especial em apêndice, no final deste capítulo, retomando pontualmente a questão ao longo deste estudo e na síntese final, a ela dedicada.

A imensa lição que o diálogo nos proporciona é a da impotência da metodologia socrática — da busca de um consenso interior — perante quem não respeita, nem sequer se interessa pelo saber, considerando-se sabedor de todas as coisas e capaz de responder a quaisquer perguntas que lhe sejam postas (303a-304c).

Percebemos agora o sentido da insistência de Sócrates, em outros diálogos, em receber dos seus interlocutores apenas respostas que autenticamente reflitam as suas próprias opiniões. Pois, enquanto responderem acriticamente, ecoando, de ouvido, opiniões correntes, nunca neles se desenvolverão os princípios da coerência e da consistência, sobre os quais se assenta todo o projeto de aquisição do saber.

6. Sócrates e a cidade: a filosofia na cultura ocidental

O exemplo de Sócrates constitui um caso único de perenidade ao longo de toda a cultura ocidental. Com a significativa exceção de Nietzsche — e também esta tem um sentido a que se deverá prestar a maior atenção —, o mestre de Platão nunca deixou de ser encarado como uma referência humana e sapiencial.

Daqui nasce um dos maiores paradoxos com que o Ocidente tem tido de viver. A leitura das duas *Apologia de Sócrates*, de Platão e Xenofonte, acompanhada pela das *Memoráveis socráticas*, sugere haver pelo menos duas razões para que o filósofo seja julgado, condenado e morto pelos seus concidadãos. Uma é a defesa que — contra a lei da cidade — faz do "seu saber" e da importância que lhe atribui na vida dos homens. Outra será a sua atitude perante a morte. Como se poderá então explicar que seu exemplo tenha constituído motivo de execração

---

40. R. S. W HAWTREY, *Commentary on Plato's Euthydemus*, Philadelphia, 1981. Ver ainda o inovador estudo de R. K. SPRAGUE, *Plato's Use of Fallacy*: A study on the *Euthydemus* and some other Dialogues, London, 1962; T. CHANCE, *Plato's "Euthydemus"*. Analysis of What Is and Is Not Philosophy, Berkeley/Los Angeles, 1992.

para a cidade em que viveu e, pelo contrário, exemplo e motivo de veneração para 25 séculos de intelectualidade no Ocidente?

Para compreender esta diferença de juízos é necessário atentar num traço profundo, até hoje característico da cultura ocidental. Sócrates é inquestionavelmente um produto da cidade democrática. Nenhuma possibilidade de se manifestar e de viver até os 70 anos teria tido este homem se não tivesse nascido numa sociedade igualitária, em que a todos é concedido o direito de livremente se exprimir.

É, pois, à cidade de Atenas, para ela e *contra* ela — nunca o filósofo deixou de proclamá-lo! — que sua intervenção é dirigida. E o faz em nome de um único princípio, pela defesa do qual se bate até a morte: o da racionalidade. Esse princípio é o de que as diferenças entre os homens e o sentido de uma vida, que simultaneamente a todos aproxima e separa, só podem ser captados pelo exercício da Razão. Logo, através da dialética; diremos hoje: da argumentação.

Todavia, um exame mesmo superficial da generalidade dos diálogos socráticos evidencia à saciedade que a mesma Razão, que só pode se manifestar entre iguais, é fortemente promotora da desigualdade. Isto é bem simples de compreender: ninguém pode dar ouvidos a argumentos que não entende ou a que não quer atender![41]

Esta circunstância coloca o homem racional — e também não há dúvida de que o fascínio que Sócrates exerce sobre a intelectualidade resulta de ser considerado o próprio paradigma da racionalidade — numa posição duplamente impotente. Não só renuncia a lutar com quaisquer armas que não sejam as que a Razão lhe confere, como só pode usá-las contra quem as aceita e se acha disposto a respeitá-las.

Mas isto é maravilhoso! Ao opor-se ao interesse pessoal, a racionalidade consegue que cada homem transfira para si próprio o conflito que o opõe aos outros. E mais! Que se sirva da Razão para se transformar interiormente e se corrigir. Ora, não é preciso um grande esforço para compreender como este caminho é árduo, *falível*, perigoso e destituído de atrativos.

É essa a razão pela qual Sócrates tem de procurar interlocutores, não podendo, como Buda, deixar-se ficar à espera de que eles o encontrem. E mesmo destes, como a *Apologia* repetidas vezes atesta, só raras vezes poderá esperar mais do que um vivo repúdio. Por isso foi levado a tribunal.

---

41. É este o mais forte argumento que a retórica — quer na boca de Górgias e dos seus discípulos, quer na dos seus seguidores, ao longo dos séculos — opõe à filosofia e à racionalidade.

É claro que ele sabia disso muito bem. Como o *Górgias* deixa ficar bem claro (455a), só um louco se julgaria capaz de instruir 501 juízes incultos, além do mais achando-se na situação de réu!

Mas então a que carreira pode a filosofia aspirar na cidade? Uma vez mais, Sócrates mostra ter plena consciência do destino a que Atenas o vota:

> Não me detesteis por dizer-vos verdades! Não há nenhum homem que possa ficar a salvo se legitimamente se opuser a vós ou a qualquer maioria, para impedir muitas ilegalidades na cidade. É necessário que aquele que luta pelo que é justo o faça como cidadão particular e não como homem público (31e-32a).

O exemplo antes citado do julgamento dos generais da batalha das Arginusas não deixa margem a dúvidas. Mas o atual processo prova que a cidade democrática acaba por não querer permitir ao filósofo o livre exercício da racionalidade. E o faz não tanto por esta ameaçar ou prejudicar o funcionamento das instituições, mas pela total estranheza com que o filósofo aparece aos olhos do homem comum.

Sócrates aceita as leis da cidade. Diz respeitá-las[42]. Mas, estranhamente, desafia-as perante os seus juízes, recusando-se a obedecer-lhes. Esse extraordinário traço característico dos heróis e de alguns filósofos, que os leva a acatar as leis até o momento em que lhes desobedecem, em nome de uma lei mais alta e mais forte, não pode deixar de enfurecer os poderosos. E os cidadãos anônimos o são quando se acham na posição de juízes!

Mas o repúdio dos homens pelo filósofo — que os leva a condená-lo e matá-lo — é também particularmente nítido, no caso do outro ponto de atrito a que nos referimos: a atitude que Sócrates patenteia perante a morte, que bem poderá ter sido encarada pelos juízes como confirmação da acusação de introduzir novos deuses.

O filósofo começa por escarnecer daqueles que recorrem ao procedimento habitual em tribunais de suplicar que não lhes tirem a vida (34b-35d). Parece que está só a alardear coragem, mas a sua atitude destrói a sacralidade da morte, convertendo-a num "fato humano", na situação com a qual cada um terá inevitavelmente de se confrontar, esperando-se que o faça com dignidade[43].

---

42. O *Críton* mostra que esse respeito o leva a recusar-se a fugir quando a oportunidade lhe é oferecida.

43. Ao contrário do que poderá parecer, este protesto ecoa aquele mesmo que incontáveis vezes terá sido feito pelos heróis homéricos: vejam-se os exemplos de Aquiles, citado um pouco antes, na *Apologia* 28d (*Ilíada* XVIII 98) e o de Sarpédon (*Ilíada* XII 322-328). A ideia é que, sendo a morte inevitável, há que se buscar nela a honra que distingue o herói do homem comum.

O PROBLEMA DAS REFUTAÇÕES SOCRÁTICAS

E, já depois de condenado à pena capital (38e-42a), desenvolve raciocínios sobre a morte, que, sem se manifestar abertamente ateísticos, constituem um desafio à piedade tradicional. São estes que o distinguem da generalidade dos homens. E a diferença que o separa deles é manifesta, residindo não na defesa da imortalidade, mas numa total entrega ao pensamento e à ação. Chocante é que aja *como se fosse imortal, embora não esqueça que é mortal.*

Evidentemente, ninguém, o entendeu (ver *Ap.* 38c). Pois, não se sentirá ele obrigado a insistir, no *Fédon*, que a imortalidade é inteiramente devida à alma, ficando a mortalidade afeta ao domínio do corpóreo?

A tal ponto essa diferença se torna típica da sua atitude que, avaliando a *Apologia* em bloco, é bem claro que dificilmente poderá ser considerada uma defesa efetiva. E isto acima de tudo por ser feita perante aqueles mesmos que estavam ali a julgá-lo: os cidadãos anônimos que constituem a massa com que é cimentada a democracia, que naquele momento detinham o poder de vida e de morte sobre ele. E que, com a maior naturalidade, o usaram contra ele.

Essas considerações parecem-nos bem elucidativas das razões da condenação de Sócrates pela sua cidade. Mas a perenidade do exemplo do filósofo sugere que inquiramos as razões que terá para condená-lo a sociedade em que hoje vivemos.

Vivemos na época em que, pela primeira vez, a felicidade é identificada com a satisfação dos desejos, mormente dos mais imediatos. Numa sociedade como esta, o ideal da racionalidade, tradicionalmente encarado como o meio de luta contra os instrumentos da opressão — seja ela a que a natureza exerce sobre o homem —, perdeu o seu sentido. Acabou por se tornar um empecilho à livre expressão das aspirações com que cada homem adorna seu cotidiano de consumidor.

Com ele pereceu também o ideal do saber. A ideia platônica de que o saber salva e o princípio socrático, no qual se apoia, que defende a autonomia da Razão individual já não desfrutam da posição respeitável que ainda há algumas décadas lhes era conferida. Com elas morreu o ideal da cultura humanística. E a Universidade, ao longo dos séculos encarada como o meio por excelência de livre promoção do conhecimento e do progresso moral, foi relegada à função menor de criação de emprego e devotada à inserção dos cidadãos no mercado de trabalho, ou criticada por não conseguir fazê-lo de modo adequado.

Do mesmo modo, numa cultura despudoradamente hedonística, deixou de poder haver lugar para a morte. Encarada como a forma definitiva e irremediável de marginalização, a morte acha-se hoje reduzida às dimensões de um fato puramente individual, em relação ao qual nada mais a sociedade poderá fazer do que pensar em cuidados paliativos.

Juntando todos esses fatores, sintomas de um conjunto de decisões culturais, a que o fato de serem tomadas anonimamente só confere maior peso, somos levados a pensar que o perene Sócrates, figura tutelar do Ocidente, poderia muito bem encontrar nos nossos dias essa morte a que há 25 séculos sua cidade o condenou. Morte que, durante esse mesmo período, o Ocidente teimosamente lhe negou.

Ao fim de tantos séculos, a História acabou por dar razão a Nietzsche!

Apêndice
Os sofismas do *Eutidemo* e a ambiguidade de *Einai*

De início, Sócrates persuade os jovens Clínias e Ctesipo a suportar as repetidas humilhações a que serão sujeitos, acenando-lhes com a esperança de virem a aprender algo (275d-e). Todavia, após o primeiro recontro, intervém, a fim de recuperar um sofisma para ingênuos, acerca da natureza da aprendizagem[44] (277d-282e). Mas os seus propósitos irritam os sofistas, que arrastam dessa vez Ctesipo para o combate.

É com ele que começam a desenrolar uma instrutiva série de sofismas, construída sobre a ambiguidade do verbo "ser". Eis o primeiro:

"É possível mentir?"
... ...
(1)[45] "Dizendo a coisa (*to pragma*) sobre a qual seja (*êi*) o discurso (*logos*), ou não a dizendo?"
"Dizendo".
(2) "Portanto, se alguém a diz, não diz nenhuma 'outra das coisas que são' (*allo tôn ontôn*), a não ser aquela que diz?"
... ...

(3) "E esta, que diz, é 'uma só das coisas que são' (*hen tôn ontôn*), separada das outras?"
... ...
(4) "Portanto, aquele que diz 'aquilo que é' (*to on*)?"
... ...
(5) "Mas a pessoa que *verdadeiramente* (*ge*) diz 'aquilo que é' (*to on*) e as coisas que são (*ta onta*) 'diz a verdade' (*talêthê legei*)" (Eutid. 283e-284a).

O passo reproduz um argumento em que Eutidemo pretende mostrar a impossibilidade da mentira, logo também da falsidade e da contradição. Começaremos por analisar cada um dos passos do argumento, que a seguir interpretaremos.

Seguindo a numeração acima:
(1) liga o discurso à coisa dita;
(2) inclui-a na classe das "coisas que são";
(3) individualiza-a, separando-a dos outros membros da classe;
(4) generaliza a identidade entre "dizer" e "dizer aquilo que é";

---

44. Ou se aprende porque se sabe, e então nada se aprende; ou porque se não sabe, e então para nada serve aprender.

45. Para facilitar o comentário, numeramos as falas. As reticências indicam a aquiescência do interlocutor. A tradução é de Adriana Nogueira, Platão, *Eutidemo*, Lisboa, 1999 (com pequenas modificações).

(5) identifica "dizer aquilo que é" e "coisas que são" com "dizer a verdade"

O passo (1) é extremamente sutil: identifica um "ato de fala" ("mentir", "falar", "dizer") com a "coisa" dita; *to pragma* confunde deliberadamente o discurso com o objeto do discurso ("aquilo sobre que ele é"). O passo (2) explora o equívoco, incluindo esse objeto na classe das "entidades", "coisas que são" (*ta onta*). (3) estabelece a identidade dessa entidade consigo própria e a sua diferença em relação às outras. (4) generaliza a partir da anterior, conferindo a todo o discurso o poder de referir entidades. (5), aproveitando uma definição de "verdade" apoiada em Parmênides B7.1 ("não imporás que são as coisas que não são"; "dizer *que são* as coisas que são": Platão *Crát.* 385b; *Sof.* 263b), identifica "dizer entidades" (*ta onta legein*) com "dizer a verdade" (*talêthê legein*).

Interpretemos agora. Passada a falácia inicial, a chave do argumento acha-se na convergência de vários sentidos de "ser" nas formas conjugadas, acima assinaladas: o presente *estin* e o conjuntivo *êi*, além dos particípios *to on, ta onta*. O passo (3) confere identidade a toda a entidade, em (4), criada pelo discurso, deduzindo dela a verdade (5).

Vejamos como. Se algo, incluído na classe das coisas que são, "é", é assumido como uma "entidade" (algo "que é"). Sendo distinta e separada das outras coisas que são, por ser "aquilo que é" e não qualquer outra coisa, ganha uma identidade própria.

A atribuição ao discurso da capacidade de "dizer aquilo que é" (4; ver a identificação de "dizer, pensar e ser": *Parmênides* B6.la), investindo-o do poder de criar entidades, constitui uma falácia (pois do fato de o discurso se referir a algo não se segue que todo o discurso afirme que algo "é", ou seja sobre "algo que é"!). É neste ponto que intervém a ambiguidade.

Este "que é" refere uma entidade que é idêntica a si própria e distinta das outras (3), a qual inevitavelmente "existe". Embora nada no texto a convoque explicitamente, é impossível negar existência à convergência da entidade com a identidade.

A introdução da verdade, em (5), só vem reforçar a segunda identidade: agora do discurso com "aquilo que é" (4). O todo apoia-se em *Parmênides* B7.1[46]. Portanto, a mentira é impossível e é verdade, por nenhuma outra razão que a de ter podido ser dita!

Pondo de parte a falácia, que confere *automaticamente* ao discurso a possibilidade de dizer o ser e a verdade, concentremo-nos na natureza da entidade dita: o "ser". No breve mas contundente recontro entre Ctesipo e Dionisodoro, que precede o argumento, o jovem irrita-se. E não sem motivo, pois o sofista acaba de lhe anunciar que ele deseja a morte do seu amado.

Sócrates e Ctesipo tinham afirmado desejar que Clínias se transformasse de ignorante em sabedor. Ao que o sofista responde: "Portanto, querem que ele se torne no que não é e que deixe de ser

---

46. A citação truncada deste verso, em 284c3, confirma a elisão de *einai*, em *einai ta mê eonta*. Note-se, pelo contrário, o comparecimento da cláusula *hôs estin* ("que é") nas duas definições de verdade, em Platão (*Crát.* 385b; *Sof.* 263b).

o que é agora? ... ... Logo, se o que desejam é que ele deixe de ser quem é agora, o vosso desejo, ao que parece, é que ele morra" (283d).

Como funciona a ambiguidade neste sofisma? Aceitando a alternativa de *Parmênides* "é ou não é" (B2.3, 5; 8.15) —, a geração, a corrupção, a mudança e o movimento são inviabilizados (B8.1-33). Por consequência, a negação de uma das possibilidades implica a afirmação da outra, sem que entre elas possa haver trânsito.

Ora, para que "o que é" passe a "não ser" basta apenas que deixe de "ser aquilo que é", no sentido identitativo, tornando-se outro, diferente, o qual implica a desaparição de "o que é", pois a única diferença de "o que é" é "o que não é". A alternativa obriga a ler existencialmente ("existe") a negação do sentido identitativo da expressão — "é aquilo que é" —, tanto na hipótese da leitura "completa" do verbo[47] como na da leitura incompleta elidida "é...". Neste último caso, a destruição do sujeito "que é" é garantida por uma falácia *de dicto secundum quid ad dictum simpliciter*, conseguida pela elisão do predicado ("o que é").

Uma última e perturbaste falácia ocorre numa única frase, em 294a-c, 296c (ver a síntese final sobre *einai*, adiante): "Então sabem tudo, dado que sabem qualquer coisa".

A possível origem do argumento é agora a interdição eleática da divisibilidade: "o ser é com o ser" (8.25). Logo, se algo é, é inseparável de tudo o que é. Em Parmênides, a injunção não é problemática, pois é da unidade e totalidade do ser que se nega que algo se possa extrair. Aqui, porém, a situação é bem diferente, como demonstra a continuação do diálogo (os dois sofistas deixam-se levar a extremos de insensatez para garantir que "tudo sabem").

Portanto, o paradoxo resulta da "fusão" da leitura predicativa de "ser" ("A é B") com a identitativa ("A é A"). Aqui a dificuldade gira em torno de "saber" (com a consequência absurda de que saber uma coisa implica saber todas). Mas, no *Crátilo* 388d, a questão é voltada para o ser: "[defende Eutidemo]... todas as coisas são (*einai*) da mesma maneira para todos, simultaneamente e para sempre".

Se uma coisa "é aquilo que é", não pode ser "aquilo que não é". Então, uma de duas: ou qualquer predicado é idêntico ao sujeito do qual é afirmado (e não há predicação, mas identidade), ou é diferente. Como não pode ser "aquilo que não é", todos os predicados forçosamente coincidem na identidade de "o que é".

No *Sofista*, em passo habitualmente relacionado com Antístenes (251b-252e), Platão resolve a dificuldade provando a comunhão dos gêneros. Aqui, porém, limita-se a apontar a origem do paradoxo.

---

47. Na qual ele não precisa de complemento: tipicamente é o caso do verbo "existir", que não havia em grego clássico.

CAPÍTULO SEGUNDO

Virtude e saber nos diálogos socráticos: problemas

O *CRÍTON*, A *APOLOGIA* E A ÉTICA SOCRÁTICA

O *Críton* é um pequeno diálogo a nosso ver subavaliado pelos comentadores, que costumam conferir atenção aos aspectos relacionados com a narrativa dramática, descurando seu valor como manifesto da ética "socrática". Reconhecendo que, no que diz respeito ao primeiro aspecto, nada há a acrescentar ao já publicado, concentramo-nos no segundo.

O amigo Críton tenta persuadir Sócrates a conceder que fugir da prisão constitui a única forma de corresponder à injustiça de que foi vítima. O filósofo o contradiz, invocando a coerência com a atitude que seguiu e advogou ao longo da sua vida.

Lido nestes termos, o diálogo exprime uma posição pessoal, retratando a personalidade ética de Sócrates e propondo-a a todos os homens como modelo a seguir. Sobre isso, não há dúvida de que corresponde a uma intenção autobiográfica.

Há, contudo, muito mais do que hagiografia na obra, pois, na argumentação expendida, o filósofo lança as bases do projeto de pesquisa do real que dá corpo à alegação de ele ter "trazido a filosofia dos céus à terra".

A troca de propósitos entre as duas personagens (Críton: 44b-46a; Sócrates: 46b-49a) começa por expor o conflito entre duas éticas, elas próprias em conflito na cultura grega: à vergonha de um opõe-se a culpa do outro[1].

---

1. Ver E. R. DODDS, *The Greeks and the Irrational* — "From Shame-Culture to Guilt-Culture", Berkeley/Los Angeles/London, 1951, 28-63 (a relação é também válida para o *Eutífron*). Os sinais abundam; de um lado: "o que pensarão os muitos", "a fama desprezível" — *aischion* —, a "calúnia" de que será objeto (44b-d); do outro, "o justo e correto", "a razão", "a corrupção da alma", "viver bem, com honra e com justiça" (46b-48b), depois o julgamento das "Leis do Hades" (54b-c).

Na continuação, é claro que mais do que invocar a coerência da razão, para defender seu ponto de vista pessoal, Sócrates expõe um projeto de pesquisa dos princípios que regem a ação humana[2] (48b ss.), orientada para "entidades" dotadas de um estatuto ontológico bem definido, constitutivas da realidade e da sabedoria (ver *Féd.* 65a-b).

Neste sentido, a ética platônica acha-se perfeitamente enquadrada entre a epistemologia e a ontologia. Ficam assim bem definidos, aqui e no capítulo anterior, não só o sentido da investigação da virtude como a sua integração nas duas obras que proleticamente anunciam o programa executado no grupo dos diálogos "socráticos".

Se não levarmos estes dados em conta, dificilmente reconheceremos a integração natural da ética na teoria das Formas, nem o caráter heurístico da ética platônica, em tudo distinta da de Aristóteles e dos outros pensadores da tradição, com a exceção de Spinoza e Kant.

QUE SIGNIFICA PERGUNTAR "O QUE É A VIRTUDE"?

No *Eutífron*, depois de ter recebido do adivinho uma resposta que considera insatisfatória como definição da piedade, Sócrates explica a razão pela qual a que se lhe segue — "a piedade é o que os deuses amam" — não pode ser aceita:

> O que tu agora fazes ao punires o teu pai, não é de espantar se, fazendo isso para ser, por um lado, querido por Zeus, te tornas inimigo de Cronos e de Urano, ou ainda, ao fazeres-te querido por Hefesto, te tornas odiado por Hera (8b).

Esta objeção, que alega a inconsistência de qualquer critério determinante da ação humana que se apoie no arbítrio dos deuses, faz-nos constatar um fato muita vezes esquecido, embora não ignorado. Não há na Grécia clássica um conjunto de preceitos de origem divina que possa ser citado como ponto de referência da avaliação da conduta humana. Pode-se falar de admonições contra certos comportamentos, por exemplo os que dizem respeito aos maus-tratos

---

2. Neste ponto, o *Críton* distingue-se dos outros diálogos do grupo apenas por não se concentrar na resposta à pergunta "O que é a justiça?", ficando-se pelo argumento de que não é justo "pagar o mal com o mal" (49c ss.).

infligidos aos pobres e desprotegidos[3], mas não se pode retirar deles nenhum catálogo de mandamentos nos quais se ache implícita uma distinção entre o bem e o mal ou que permitam estabelecê-la.

Daqui resulta que, para um grego contemporâneo de Sócrates, as únicas fontes de valor são:

1) a cidade em que nasceu e na qual vive, expressa nas suas leis e instituições que a suportam e conferem identidade, em conjunto com seus concidadãos;
2) seu próprio arbítrio.

Essa observação leva-nos a encarar os diálogos socráticos, mais do que como um exercício de investigação ética ou como memória de uma prática dialética corrente, como uma tentativa autêntica de definição de um quadro de valores que permita avaliar a ação humana, nas situações a que se acha habitualmente submetido um cidadão.

Perguntar "O que é a coragem?" é inquirir acerca da natureza da atitude que um cidadão deve assumir perante a adversidade (por excelência, no campo de batalha). Inquirir acerca da natureza da piedade é querer estabelecer o comportamento que um homem deve manter em relação aos deuses e às instituições que, na cidade, fixam ritualmente essas relações. O mesmo vale para a justiça, mas agora o objeto dos comportamentos a definir são as relações com os outros homens.

A questão torna-se um pouco mais complexa nas "virtudes" que Platão especificamente associa à sabedoria, identificadas pelos termos gregos *sophia* e *sôphrosynê*, pois o Mestre Ateniense não só confere ao saber (expresso por uma variedade de termos de diversas famílias) uma função capital na sua concepção de virtude, como considera a sabedoria o valor que em definitivo regula a ação humana.

A *sophia*, cuja posição no todo é sumariamente resolvida com a sua atribuição ao filósofo-rei na *República* IV 428b-429a, consubstancia a finalidade que um homem supremamente deve eleger na vida. No plano pessoal, expressa na *philosophia* — o amor ao saber — o sentido último da passagem da alma humana por este mundo (*Mên.* 86b-c; *Fedr.* 245c-257c).

---

3. Ver *Odisseia* XX 475, atestando a proteção de Zeus aos mendigos e suplicantes; bem como ÉSQUILO, *Eumênides* 269-275, que assimila aos olhos dos deuses infernais as faltas cometidas contra um deus, um hóspede ou um progenitor; ou SÓFOCLES, *Antígona* 454-455, que refere o que podemos interpretar como a atitude em relação à morte, como uma "lei não escrita". Ver ainda TUCÍDIDES II 37, que aponta o fato de as leis não escritas implicarem uma vergonha consensual entre atenienses.

Por sua vez, a *sôphrosynê*, termo para o qual não é possível encontrar um equivalente no vocabulário das línguas modernas, cobre domínios hoje tão distintos quanto a prudência, a temperança, o autodomínio, a sabedoria prática (urna espécie de "sensatez") e até as maneiras e o aspecto exterior[4]. Tal como a justiça, também a *sôphrosynê* é reavaliada a partir da função que lhe cabe na cidade ideal[5], na *República*, o mesmo acontecendo com a coragem. Só a piedade não é objeto de reinserção na cidade.

*

Quando Sócrates pede aos seus interlocutores que apresentem uma definição destes termos, espera que eles lhe digam:

1. "o que é" cada urna das "realidades" ("entidades", "entes") por eles referidas com o termo corrente;
2. como identificam e descrevem suas naturezas.

Na posse de uma descrição aceitável, poderá porventura chegar a um critério que permita diagnosticar instâncias (casos ou indivíduos) da virtude definida, que possa ser aplicado na prática. Ou seja, decidir sobre a adequação de tal caso ou indivíduo à virtude referida, em termos consensualmente aceitos pelos seus concidadãos.

Supõe ainda que todas estas virtudes se incluam no todo da virtude pelo fato de todas terem algo em comum, que lhes permite conjugar-se harmoniosamente no todo, sem que isso as impeça de se distinguirem funcionalmente umas das outras[6].

---

4. Essa diversidade impede-nos de optar definitivamente por uma tradução em prejuízo das outras, mesmo "sensatez" ou "sageza", apesar do alinhamento da *sôphrosynê* com a sabedoria (*sophia*), dado o fato de a escolha de uma opção cancelar automaticamente todas as outras alternativas.

5. É natural, embora não nos pareça forçoso, encarar o tratamento conferido às virtudes na *República* como o momento terminal de uma abordagem evolutiva do tema. Contra esta perspectiva, defendemos que na questão da virtude deverão ser respeitados os contextos dialéticos dos diversos diálogos, pelo fato de preservarem os debates de tentativas de sistematização indevida, motivadas por interesses didáticos.

6. Este traço percorre todo o grupo de diálogos aqui convocados. Ocupa, porém, praticamente todo o *Protágoras*, convergindo no debate sobre a concepção de coragem proposta pelo sofista — ver o rico debate entre G. VLASTOS, The Unity of the Virtues in the *Protagoras, Platonic Studies*, Princeton (1973) 221-269, 427-445, T. PENNER, The Unity of Virtue, *Philosophical Review* 82, 35-68, C. C. TAYLOR, *Plato: Protagoras*, Oxford, 1976, e T. H. IRWIN, *Plato's Moral Theory*, Oxford, 1977.

Esta complexa integração das virtudes num todo apresenta especial dificuldade à generalidade dos interlocutores, pois, embora todos eles exibam perfeita familiaridade com os termos usados por Sócrates, todos tendem a interpretá-los da perspectiva das suas experiências pessoais (as suas "opiniões"). Por vezes, parece que nem sequer chegam a captar o sentido abrangente do termo grego que traduzimos por "virtude" — a sua dimensão ética —, a tal ponto o interpretam do seu ponto de vista, por vezes classista[7], por vezes tingido por um viés profissional

Essa será uma das razões pelas quais exibem graus variáveis de relutância quer na definição das virtudes específicas, quer na identificação do traço comum que lhes permite serem encaradas como partes de um todo, quer na compreensão do regime de convivência que devem manter umas com as outras, quer, em suma, na sua natureza ética.

Este é o ponto em que as sistemáticas objeções apresentadas por Sócrates sugerem a emergência de uma doutrina oculta — a ideologia platônica —, opondo-se, no debate elênctico, às concepções mais ou menos estruturadas dos seus interlocutores[8]. É neste sentido que podemos falar de um conjunto de problemas associados à virtude, na sua generalidade e na sua especificidade. Passaremos a considerá-los em seguida.

1. O estatuto da sabedoria

A função englobante e a posição abrangente da sabedoria (*sophia*) em relação ao todo da virtude coloca-a num plano subordinante das outras virtudes platônicas[9], não podendo o seu estudo ser confinado a um único diálogo. Mas

---

7. Todos os termos relativos ao comportamento do homem são habitualmente interpretados por alguns interlocutores "bem-nascidos" (Crítias, Mênon, Cálicles) numa perspectiva de classe. Tradicionalmente, a *aretê* é um atributo que os bem-nascidos recebem pelo parentesco.

8. Por exemplo, para Crítias, como se verá, a *sôphrosynê* é sempre relativa àquele em quem se manifesta e incomparável com qualquer outra disposição ou capacidade. Para Protágoras, a questão da unidade da virtude não se põe. Para Cálicles, a sua concepção de virtude nada tem a ver com a tradicional. Num registro "não sofístico", como vimos, concepções como a de piedade, por Eutífron, ou a de coragem, por Laques, inserem-se nas suas experiências pessoais, como adivinho e general.

9. Não nos parece que o conjunto das "virtudes cardinais" (sabedoria, sensatez, justiça, coragem, piedade), ocasional e frequentemente apresentado nos diálogos, deva ser entendido como um sistema. Supõe evidentemente um trabalho de sistematização, mas segue suficientemente de perto as concepções correntes sobre a *aretê* para que os interlocutores de Sócrates possam posicionar-se em relação a elas. Cremos, em suma, que não será excessivo encarar a teorização da *República* como a abordagem englobante da questão, proposta por Platão.

não deixa de comparecer pontualmente em todos os diálogos do grupo socrático, ocupando ainda uma posição relevante no grupo de diálogos em que é exposta a teoria das Formas (*Fédon, Fedro, Banquete* e *República*; ao qual se associam o *Crátilo* e o *Timeu*). É nestas obras que Platão expõe o núcleo da concepção de filosofia que a tradição identificou como a sua própria.

Nos diálogos socráticos, o problema da sabedoria enuncia-se com facilidade: cada uma das virtudes é o saber específico de um objeto determinado. Essa concepção levanta as maiores dificuldades aos interlocutores de Sócrates, quer pelo fato de não compreenderem a tese, quer por não dominarem as suas implicações, quer ainda por não poderem aceitá-la. É assim que se originam os problemas de cada virtude específica e, no todo, o problema da unidade da virtude. Vamos abordá-los seguidamente.

2. O problema da *sôphrosynê*

É no *Cármides*[10] que é abordada a complexa questão da *sôphrosynê*. Nas primeiras três respostas, o interlocutor é o jovem Cármides, que começa por reduzir a *sôphrosynê* ao seu aspecto exterior ("uma certa calma": 159b), passa a uma descrição interior ("... é igual ao pudor": 160e), para terminar com uma definição prometedora ("cada um fazer o que lhe diz respeito": 161b), que mostra não ter capacidade para defender[11].

O debate com Crítias continua sob o signo dos equívocos[12], mas não mais deixará de se achar firmemente ancorado na questão do saber. Sócrates busca um "objeto"

---

10. O *Cármides* é um pequeno diálogo em que o *elenchos* se desenvolve segundo dois modelos diferentes. A conversa com Cármides obedece à habitual técnica antilógica: pergunta "O que é?" — *logos* — refutação — *antilogos*. Com a intervenção de Crítias, o debate desenvolve-se numa conversa sem pausas, em que às objeções de Sócrates Crítias corresponde com sucessivas reformulações da sua declaração inicial, cada uma das quais vale como uma nova resposta.

11. Sócrates refuta-o jogando eristicamente com os sentidos possessivo e reflexivo de "que lhe diz respeito" (*ta heautou*), em associação com o equívoco entre "agir", "fazer" e "fabricar", consentido por *prattein*. Consegue levar Cármides a aceitar que seria mal ordenada a cidade em que cada um tivesse de se dedicar exclusivamente às ações próprias, bem como à produção de tudo aquilo de que necessita (161e-162a). Encarando o diálogo da perspectiva da *República* I-IV, é óbvia a sua função "proléptica", introdutória à concepção da *sôphrosynê* proposta no Livro IV. Sobre a noção de "abordagem proléptica", apoiada no estudo sistemático deste grupo de diálogos, ver C. KAHN, *Plato and the Socratic Dialogue*.

12. Que começam com a confusão entre "fazer" e "fabricar" (ou fazer "para si" e "para os outros": 162e-163d), ganhando depois um sentido valorativo ("prática dos bons", ou "das coisas boas": 163d-e), para se fixar no sentido epistêmico ("cada um conhecer-se a si próprio": 165b), que vai manter-se nas reformulações seguintes (por exemplo, a *sôphrosynê* seria um "saber de si própria e dos outros saberes": 166e) até o final.

para a *sôphrosynê* ("saber de alguma coisa": 165c), um "produto" ("resultado", "trabalho": 165c-d) para ela, impondo-a como uma forma de autoconhecimento: "saber do que é próprio (de alguém, de alguma coisa, dela própria)" (165c).

Crítias apresenta então a sua objeção de fundo: a *sôphrosynê* não é um saber como os outros (165e), pois é "saber de si própria e dos outros saberes" (166b-e). A concepção apresenta méritos a que a *República* IV fará jus. Mas Sócrates nega-se a conceder-lhe esta distinção, objetando quer que nenhum outro saber, faculdade ou relação é de si próprio, mas não de outra coisa (167b-169b), quer que um tal saber seja útil (haverá uma utilidade para a *sôphrosynê*?[13]: 169b-174c).

A investigação termina pouco depois na aporia, com a constatação de que um saber que corresponda às expectativas geradas pela *sôphrosynê* só pode ser o saber do bem e do mal, ou seja, a própria virtude (174c). Como interpretar este raciocínio?

É evidente que o *Cármides* não consegue dar resposta aos dois problemas postos pela *sôphrosynê*: os da sua natureza e das suas consequências. Não há dúvida de que se trata de um certo saber, mas toma-se difícil estabelecer a habitual analogia com outras artes e outros ofícios, à qual Sócrates habitualmente recorre. Será diferente e incomparável com eles, como Crítias pretende, pelo fato de não lhe poder ser atribuído um objeto definido, variável de acordo com o seu possuidor. Mas não pode, em qualquer circunstância, deixar de produzir um efeito. E é este último que nenhum dos investigadores se mostra capaz de identificar.

A questão não encontra resposta neste diálogo. Todavia, no contexto dialético da *República*, encarada como uma virtude coordenadora das outras virtudes, ganha sua função na cidade, ficando seu problema satisfatoriamente resolvido. Voltaremos a ela quando abordarmos o problema posto pela justiça na *República* I-IV.

2.1. Coragem e sabedoria

Este problema ocupa uma posição fulcral no *Laques* e no *Protágoras*. O general Laques começa por manifestar alguma dificuldade em compreender que as manifestações de coragem não se limitam aos campos de batalha. Sócrates refuta com a maior facilidade a sua primeira resposta: "... alguém que queira permanecer no seu posto e defrontar o inimigo, sem fugir... é corajoso" (190e).

---

13. Em alguns aspectos da sua análise do autoconhecimento, Sócrates parece por momentos referir-se à sua própria atitude de filósofo. É evidente a relação entre "saber que se sabem as coisas que se sabem e que não se sabem as que não se sabem" e a atitude socrática de evitar "julgar saber o que não sabe".

Invoca o comportamento dos lacedemônios na batalha de Plateias, quando, por astúcia, viraram as costas aos *gerrophoroi* persas e fugiram em debandada'[14].
Sendo imediatamente evidente que a definição não é compatível com este contra-exemplo, Laques recua, mas Sócrates insiste em fazê-lo encarar a coragem de uma perspectiva mais ampla, apresentando o exemplo da velocidade (192a-b), como "a capacidade de executar muitas coisas em pouco tempo" (192b).

A proposta leva Laques a reformular sua definição como "uma certa força da alma" (192b: ver acima). Emerge então o problema da incompatibilidade da coragem com o saber. Para ser nobre, a coragem tem de se mostrar como um saber, uma capacidade (de contrário, manifesta-se como uma forma de loucura[15]). Tal ponto de vista impede, porém, Laques de incluir na coragem certos comportamentos tão inconsequentes quanto impulsivos que se sente incapaz de não apreciar.

O outro general presente ao debate, Nícias, evidenciando familiaridade com as disputas sofísticas, escapa à aporia propondo a definição perfeitamente aceitável da coragem como "o saber do que se deve ousar e deve temer" (194e-195a).

Mas não é capaz de sustentar a ofensiva de Sócrates, que o enreda na teia de incompatibilidades resultante da necessidade de conjugar a intemporalidade do saber com a localização temporal da coragem. Dado que só o futuro pode ser temível, o saber ficaria assim limitado no tempo (198d-199a). Por outro lado, se o saber é perfeito, é difícil compreender como poderá limitar-se às circunstâncias específicas da coragem. Pois, se for encarado na sua totalidade, então deverá ser de tudo aquilo que se deve ousar e temer sempre. Mas assim seria saber do bem e do mal (199a-e). Donde resulta a definição visar toda virtude e não apenas à coragem.

Já no *Protágoras* o sofista se mostra um perfeito conhecedor dessa aporia (350a-c), mas sua atribuição de um valor epistêmico à coragem, por limitado que seja, vai deixá-lo em contradição consigo próprio. A refutação é atingida pelo encadeamento de vários argumentos, enquadrando-se a questão do estatuto da coragem em duas outras, mais amplas: a da unidade da virtude (329c-334c: que nunca chega a ser formalmente encerrada, reaparecendo pontualmente ao longo

---

14. Estes guerreiros persas armavam-se com longas lanças e escudos de vime, altos e largos, que lhes permitiam formar uma muralha móvel, difícil de penetrar pelos golpes das lanças gregas. Ao virarem-lhes as costas, os espartanos incitaram-nos a persegui-los, rompendo a linha de batalha. Retomando subitamente a formação, puderam então atacar os persas à medida que estes iam se aproximando.

15. A contraposição dos termos gregos *sôphrosynê/aphrosynê* caracteriza como "insensatez", "loucura", qualquer comportamento irrazoável, oposto à "sensatez".

do debate[16]) e a da possibilidade do ensino da virtude (329b-360c: que expressa dúvidas sobre a capacidade do sofista para ministrá-lo — 318a-360c).

Protágoras defende ser a coragem uma virtude diferente das outras (349d), posição que Sócrates examina detidamente. Começa por sugerir a associação da coragem ao saber (350a), que o sofista rejeita (350c-351b). É aqui que entroncam os argumentos que produzem a refutação:

1) o do estatuto da sabedoria (350a-351b, 352a-d[17]);
2) (associado a) o da impossibilidade de alguém vir a "ser dominado pelo prazer"[18] (352d-358e);
3) o da natureza da coragem (particularmente levando em conta a sua relação com a sabedoria: 359a-360e).

Sócrates defende que o delicado regime de relações entre as coisas agradáveis e as boas (ou entre o prazer e o bom) coloca-as na dependência do saber (e da "arte da medida"), reservando a quem sabe o direito de se pronunciar sobre o valor relativo das coisas boas e más e das agradáveis e penosas.

Se aceitamos esta reserva, aparentemente inócua, resulta que a covardia não pode explicar-se senão como ignorância do que se deve ousar (as coisas boas, nobres, agradáveis) e temer (as más, vis, penosas), e, por oposição, que a coragem será o correspondente saber.

A chave do argumento reside na sutil reformulação efetuada nas noções de ousadia e temor, como resultado da concessão ao saber de uma posição dominante. Não são as bravatas e a arrogância que caracterizam "o que se deve ousar", nem o medo e a angústia que ditam "o que se deve temer". Pelo contrário, será a compreensão da mediocridade ou nobreza dos atos que deverá levar à ação ou, pelo contrário, inibi-la. O que está verdadeiramente em causa no debate sobre o saber é a dimensão ética da coragem, logo da virtude como um todo.

---

16. A questão da unidade da virtude será abordada adiante. Então prestaremos especial atenção aos dois argumentos encadeados, dos quais resulta a refutação de Protágoras.

17. É oportuno sublinhar os pontos que aproximam e separam as posições dos dois contendores. Embora ambos exibam o maior respeito pelo saber, para Protágoras é possível haver comportamentos virtuosos — nomeadamente a coragem — que o excluam (349d, 359b), enquanto para Sócrates tal não é possível.

18. Também conhecido como o argumento da "impotência" (*akrasia*): incapacidade de resistir ao prazer, à dor, ao medo etc. No Livro VI da *Ética a Nicômaco*, Aristóteles contraria a posição de Sócrates.

Para poder seguir o intricado raciocínio de Sócrates há que prestar particular atenção, entre os três argumentos que o integram, ao argumento da "impotência". Globalmente encarada, a estratégia refutativa de Sócrates, no *Protágoras*, é polêmica e difícil de aceitar porque, embora, por um lado, estabeleça a equivalência entre os pares de termos associados ao bem e os associados ao prazer, por outro não pode deixar de manter, ao longo da refutação, a distinção entre eles, imposta pelo senso comum.

O respeito manifesto pela coragem e pelo heroísmo extremos não pode levar ninguém a considerar "agradável" a morte em combate ou nas mãos de um torturador, mesmo na defesa de uma causa justa. Uma vez mais, o que se acha em causa no argumento é a concepção teleológica da virtude e a ideia de que a felicidade corresponde à adequação da ação ao bem. Mas essa ideia — da qual depende a reformulação da justiça e da *sôphrosynê* — só é claramente expressa na *República* IV 419a-421c.

Para a generalidade dos homens, há entre o prazer e o bem (ou entre a sensibilidade e a razão) uma oposição que os torna irredutíveis e impede que um subsuma o outro. As circunstâncias da vida obrigam-nos constantemente a optar por um deles. Mas só Sócrates se mostra capaz de propor um critério que os tome compatíveis: o do saber.

A extraordinária coerência do platonismo — ou da visão platônica de Sócrates — torna-se evidente quando encaramos esta concepção global da virtude, considerando a vida do filósofo e o conjunto de teses a ela associado, descritas e defendidas no *Fédon*.

De resto, sobre o tema da coragem como virtude cívica, como dissemos, a abordagem da *República* oferece uma síntese satisfatória, suscetível de resolver todos os problemas que se manifestam nos diálogos socráticos, embora não nos pareça que devamos encará-la como a posição definitiva de Platão sobre esta problemática.

3. O problema da justiça

É no Livro I da *República* que o problema da justiça começa a ser enunciado. A questão — clara desde o comentário à posição de Céfalo (331c-d) — reside na dificuldade em determinar o delicado equilíbrio que opõe o bem próprio ao alheio, necessário para poder definir a justiça.

É esse problema que justifica as sucessivas objeções de Sócrates à concepção retributiva da justiça: "restituir a cada um o que lhe é devido" (331e).

A primeira vaga incide na inadequação ética da concepção, dada a evidência de casos em que ela se mostra dependente de um critério sobredeterminante. Por exemplo, "ajudar os amigos e prejudicar os inimigos" (332d) implica ser capaz de resolver dois não pequenos problemas (para a compreensão dos quais a concepção de justiça exposta não concorre):

1. conhecer a distinção entre bem e mal;
2. aplicá-la com correção (332e-336a).

Uma interferência tão frontal da ética no domínio da política provoca a irritada manifestação de Trasímaco. No debate que o opõe a Sócrates, aquele apresenta consecutivamente duas concepções de justiça que o filósofo refuta.

Tem sido notado pelos comentadores o fato de não serem consistentes uma com a outra e mesmo se contradizerem[19]. Adiante veremos que a inconsistência pode ser mais aparente que real, resultando da complexidade do problema da justiça, tal como Platão a nós o apresenta. Começaremos por considerar cada uma das teses refutadas, tentando entrever a relevância que podem ter para o argumento platônico.

A primeira, que ocorre em 338c, identifica a justiça com "o interesse (ou a conveniência) do mais forte".

Nas palavras que a enunciam, a tese não revela, nem aproximadamente, o seu sentido mais profundo. Este é, porém, de imediato proporcionado pelo esclarecimento que o sofista acrescenta. A identificação entre "as leis", "o poder" e "o útil" mostra a dependência da justiça não da ética, mas da pura e dura realidade da política.

A especificidade do regime político, tal como a natureza do homem ou do grupo que acontece ocupar o poder são por Trasímaco consideradas de todo irrelevantes. A justiça — o ético — acha-se inteiramente subsumida na lei — o político —, sem que nada mais haja a acrescentar. Bom e justo é o que a lei estipula como tal. É deste truísmo que resulta a opção de encarar a lei como a conveniência de quem a fez e a faz aplicar (pelo simples fato de, ocupando o poder, ter a capacidade para agir desse modo)!

---

19. M. VEGETTI, Trasímaco, in *Platone, La Repubblica* I, trad. e coment. M. Vegetti, Napoli, 1998, 233-256, especialmente 251, sustenta este ponto de vista e, na n. 19, *ad loc*, refere outros autores, uns que discordam, outros que argumentam neste mesmo sentido. Os passos citados seguem a tradução de M. H. da Rocha Pereira, PLATÃO, *A República*, Lisboa, ⁹2003.

Ao argumento de Sócrates, que objeta a eventualidade do erro do governante na interpretação do seu próprio interesse, Trasímaco responde com a fortíssima tese de acordo com a qual o governante é considerado infalível, pelo menos enquanto permanecer como "artífice" do "poder" (340c-341a; ver 338d-e).

Mas Sócrates volta a contra-argumentar, agora com a objeção de que as artes visam ao benefício daqueles a que servem e não o de quem as pratica (341c-342e). Ao que o sofista, forçado pela, crítica do seu opositor, opta por responder recuando até o núcleo da sua posição: "a justiça é um bem alheio, que na realidade consiste na vantagem do mais forte e de quem governa" (343c).

É esta segunda tese que parece inverter a posição acima expressa, pois neste caso é o poder — o político — que é feito depender do ético, pela subsunção da justiça — identificada com a ação do governante — no bem[20]. Mas é na natureza desse bem — condensado na ideia de "vantagem" —, bem que nada tem a ver com aquele de que fala Sócrates — como evidenciará o fio condutor do diálogo, até o Livro IV —, que assenta a necessidade de fundar a cidade justa.

Significa essa concepção de bem que são os injustos que assumem o poder e o exercem contra os interesses dos outros. Particularmente perversa é a ideia de que o homem justo — sempre tolhido por constrangimentos éticos — não se acha equipado para resistir ao injusto[21] (343d-344c).

Levada às últimas consequências, a tese remata com o "imoral" elogio do tirano, justificando a glorificação de que é objeto na cidade. A reformulação que a conclui é bem clara a este respeito: "... o justo consiste precisamente no útil ao mais forte, o injusto no que agrada e é útil a cada um" (344c).

Ora, é impossível não relacionar esta concepção com aquelas que, no *Górgias*, são esposadas por Polo e Cálicles. O elogio do tirano (associado ao ora-

---

20. Parecerá incrível a um leitor atual que a superioridade de um Trasímaco ou de um Cálicles possa ser considerada "ética", mas é assim que a encara um grego clássico. Todo o paradoxal debate do *Hípias menor* (em que o mentiroso voluntário, "que sabe", é considerado superior ao que involuntariamente mente, por ignorância) assenta no equívoco, ou identificação, de dois critérios distintos, potencialmente opostos, de avaliação da ação: o prático ("fazer bem feito") e o ético ("agir com correção"). Esta natureza paradoxal da ética constituirá precisamente um argumento para subsumi-la na ação política. Esse é ainda o núcleo da defesa da *physis* levada a cabo por Cálicles, no *Górgias*. Voltaremos a este ponto adiante.

21. A perversidade do argumento consiste no reconhecimento do caráter "ético" dos constrangimentos do homem justo, mesmo depois de, em detrimento da ética, o bem ter sido reformulado como vantagem material (343d-344c).

dor: *Gór.* 466b-471d) é aí refutado por Sócrates, que sublinha a dependência do poder em relação ao bem, e da justiça em relação à felicidade (472d ss.). Por outro lado, esta intervenção de Polo será mais adiante reforçada por Cálicles, com a defesa "do mais forte" e da tese de que este deve dominar o "mais fraco" (483c-e), pelo cru exercício das suas paixões (491e-492c).

A questão é aflorada por Trasímaco no remate da sua arenga (*Rep.* I 344c). Temos de abordá-la por partes: "... aqueles que criticam a injustiça não a criticam por recearem praticá-la, mas por temerem sofrê-la" (ver *Gór.* 474c7, 475b, 483a-c, 483e-484a).

A ideia é a de que devem praticá-la, se puderem eximir-se ao castigo, como é defendido no corpo da intervenção. Subjacente aos textos citados acha-se a concepção de que as leis foram inventadas pelos fracos para não serem vítimas da injustiça — sob o pretexto de que os deuses nunca deixam de punir os injustos pelas suas faltas —, "extinguindo a ilegalidade com as leis" (Crítias, *Sísifo* DK88B25). Conhecedor do caráter artificioso desta invenção, o "mais forte" saberá usar tanto a justiça como a injustiça, sempre para sua vantagem (*Rep.* I 344c8-9).

Estabelecido o nexo entre as argumentações da *República* e do *Górgias*, há dados que permitem encarar a questão da inconsistência das duas teses de Trasímaco sob uma outra luz. Vemo-las emparelhadas nas palavras com que o sofista remata a sua intervenção: "... como eu dizia a princípio, o justo consiste precisamente no útil ao mais forte, o injusto no que agrada e é útil a cada um" (344c).

Esta declaração aponta para a complementaridade das duas definições. Enquanto a primeira define a justiça pela perspectiva do *nomos*, a segunda encara-a pela da *physis*. Quando "o mais forte" é "quem governa" (343c), a lei assegura sua vantagem. Noutras situações de conflito ou competição, "o mais forte" é referido como "o injusto" (343d-344a), sendo o tirano apontado como a sua própria personificação (344a-c). Acima da lei, a força do injusto constitui o suporte da sua vantagem sobre os outros.

*

Que significa a inclusão destas referências da parte de Platão? Talvez que as teses atribuídas a Trasímaco, tais como as de Polo e Cálicles no *Górgias*, ou representam o pensamento de facções que lutam pelo poder na cidade, ou constituem os opositores ideais do filósofo (de modo independente da sua real historicidade²²). Perguntemos então que princípios se acham por trás de cada uma delas.

Como vimos acima, não é exagerado ver nas duas teses de Trasímaco a expressão, levada às últimas consequências, dos dois únicos critérios valorativos aceitos pelos gregos: a lei (ou "norma", "convenção": *nomos*), que a cidade suporta; a natureza (ou "força": *physis*), que a realidade manifesta aos homens (ver *Gór.* 482e-484a).

A submissão do ético ao político, expressa pela primeira tese, representa então a defesa da lei, enquanto a defesa da superioridade "ética" do mais forte representa a da natureza²³. Com a exposição deste conflito, a par do exercício refutativo, levado a cabo na *República* I e no *Górgias*, Platão procura criar condições para a apresentação da sua própria tese política: aquela que conduz à fundação da cidade justa.

3.1. *A justiça na* República *II*

A refutação socrática da segunda tese de Trasímaco, que na realidade articula as duas teses avançadas pelo sofista, não é considerada satisfatória pelo próprio Sócrates, por não ter investigado a natureza da justiça (354a-b). Terá servido apenas para estabelecer três pontos que se mostrarão capitais no desenvolvimento do argumento:

1. a identificação da justiça com a sabedoria (349e ss.);
2. a necessidade de uma certa medida de justiça para evitar a dissensão, na cidade e no indivíduo (350c-352c);

---

22. Há dados que permitem atribuir a primeira tese de Trasímaco a Antifonte (DK87B44A,B: *Pap. Ox.* XI, n. 1364, Hunt). Ver ainda M. VEGETTI, op. cit., 233-256, II, 151-172, esp. 163-169; e F. DECLEVA CAIZZI, Il nuovo papiro di Antifonte (POxy LII, 3647), in F. ADORNO et al., *Protagora, Antifonte, Posidonio, Aristotele*, Firenze, 1986, 61-69.

23. Mas será um erro opô-las, a ponto de supor que o triunfo de uma implica a anulação da outra. Pois não só o triunfo da força pode ser entendido como a lei suprema da natureza, como o podemos ver na "lei do mais forte" expressa e imposta pelas leis humanas (será o caso das leis dos tiranos). Como vimos na penúltima nota, quando o homem mais forte tem o poder, usa a lei no seu interesse, quando não o tem, dá livre curso à força. Como também vimos acima, o paradoxo reside em encarar como "ética" uma concepção que nos parece tão gritantemente imoral! Mas é claro que, se por um lado ele radica na ambiguidade do bem, por outro é precisamente essa ambiguidade que a concepção teleológica do bem tenta erradicar de todo.

3. a abordagem funcionalista da virtude, coroada pela associação da alma à vida (352d-353e).

Para prosseguir, torna-se necessário atacar os fundamentos da concepção corrente de justiça. Para isso, perante a correspondente insatisfação de Glauco com o curso da investigação (II 357a-b), Sócrates propõe que a justiça seja encarada como um bem buscado "por si mesmo e pelas suas consequências" (357c).

Glauco aceita, por sua vez, desafiando Sócrates a mostrar que a vida justa é melhor que a injusta e que a justiça deve ser seguida, mas não contra a vontade (358b-d). E lança-se na descrição da gênese e natureza da justiça.

Começa por apontar a assimetria que originou o estabelecimento das leis, à qual a voz corrente atribui a essência da justiça (358e-359b): "Dizem que uma injustiça é por natureza um bem, e sofrê-la um mal, mas que ser vítima de injustiça é um mal maior que o bem que há em cometê-la" (358e; ver I 344c).

Ora, apesar de se pensar que se imporia pela renúncia à ambição e pela aceitação da igualdade (359c), é a própria lei que anima o injusto a pôr ombros à sua tarefa, "com correção" (paradoxo "ético/prático" do vício: ver *Hípias menor*). Se conseguir passar despercebido (pois nada vale quem se deixa apanhar), o injusto perceberá que o "suprassumo da injustiça é parecer justo sem o ser". De modo que seguirá o caminho da injustiça até a morte, recorrendo à persuasão e à violência, sempre que for necessário (361a-d).

A esta descrição da realidade política, da perspectiva da lei, corresponde Adimanto, com a crítica da religião. A justiça é defendida por palavras, enumerando as recompensas que os deuses outorgam aos justos e os castigos que aplicam aos injustos (362e-363e).

Como, porém, todos reconhecem ser a injustiça mais fácil e vantajosa (364a), sendo os deuses sensíveis às preces e sacrifícios (364b-365a), tudo ajuda a ser justo apenas na aparência, extraindo os benefícios da injustiça. Para isso há clubes e, de novo, o recurso à persuasão ou à violência (365d).

Portanto, não há problema! Se os deuses não existem ou não se ocupam dos homens, nem haverá que os recear (365e). Se, pelo contrário, existem, sacrifícios e oferendas bastam para os aplacar, como poetas e profetas apregoam (365e-366b).

*

A radical denúncia das concepções correntes de justiça e dos seus suportes, políticos e religiosos, basta para mostrar a impossibilidade de argumentar a partir deles. Resta a via de imaginar a formação da cidade, para perceber como a justiça e a injustiça surgem nela (369a). Escolhida essa opção, será possível abordar a justiça no contexto da virtude, no homem e na cidade. É então altura de aproveitar os ensinamentos colhidos nas discussões anteriores.

No cômputo geral, os confrontos com Céfalo, Polemarco e Trasímaco tinham mostrado não ser viável definir a justiça a partir de um objeto único, ou do seu saber específico. Pois, se, por um lado, a justiça é uma virtude política, não poderá ser avaliada de uma perspectiva individual. Se, por outro, a virtude é um bem, pergunta-se de quem será o bem: de quem comete a ação, de quem a sofre ou de ambos?

As duas respostas de Trasímaco apontam quem comete a ação como o seu único beneficiário, considerando-a justa se o interesse do agente for satisfeito. E Sócrates será obrigado a aceitar essa resposta, por defender que "ninguém deseja o mal" ("paradoxo socrático": ver *Mên*. 77d-78a). Terá, portanto, de reformular a concepção de "benefício" ou "interesse" do seu opositor. Mas esse desvio, vimo-lo, o fez perder de vista a natureza da justiça.

3.1.1. Transição para o Livro IV

Para que esse alvo não se perca, há que se imaginar a fundação da cidade, e para atender à satisfação das necessidades da totalidade dos cidadãos, aplicar a regra da divisão natural do trabalho (II 369e-370c). Dela deriva a correspondente divisão da cidade em três classes: produtores, guerreiros (ou "guardiões") e filósofos (370e-376c). O problema seguinte será o da formação dos guerreiros (376c-e).

O retomo ao problema da justiça ocorre no início do Livro IV. Para responder à objeção de Adimanto sobre a insatisfação dos guardiões, Sócrates reformula a noção corrente de bem, introduzindo a sua concepção unitária e funcionalista de felicidade: "... estamos a modelar ... a cidade feliz, não tomando à parte um pequeno número, para os elevar a esse estado, mas a cidade inteira" (IV 421c).

Dois princípios comandam esta concepção: unidade e funcionalidade. Atendendo à função que cada um desempenha no todo, há que se respeitar a unidade política, caso contrário a dissensão resultará (ver 350c-352c), se não for consentido a cada classe "que participe da felicidade segundo a sua natureza".

O problema seguinte é o da implantação da virtude na cidade. É fácil perceber que a sabedoria terá de residir nos governantes (428b-429a), tal como a coragem se atribuirá aos guerreiros (429e-430c). A dificuldade reside nas outras duas, pois não poderão deixar de permear o corpo da cidade.

A solução consistirá em, respeitando a abordagem funcionalista (ver 352d-353e), disseminá-las por todas as classes, convertendo-as em virtudes coordenadoras das outras (431e-432a). Consequentemente, na cidade, a justiça consistirá "na posse do que pertence a cada um e na execução do que lhe compete" (433e; ver 433c-d).

Tal como no indivíduo, pois, "também cada um de nós, em quem cada uma das partes desempenha a sua tarefa, será justo e executará o que lhe diz respeito" (441d-e).

Essa concepção, seguindo a anterior identificação da justiça com a sabedoria[24] (ver 349e ss.), é reforçada pelo entendimento da *sôphrosynê* como "[a] amizade e harmonia das três partes, quando governante e governado concordam que é a razão que deve governar e não se revoltam contra ela" (442c-d).

3.2. Síntese: confronto da ética platônica com o realismo político

Resta, num breve comentário, mostrar o avanço realizado pelo tratamento que o tema da virtude recebe na *República*. Podemos sintetizá-lo em dois pontos. Primeiro, nos diálogos socráticos, a problemática da virtude é abordada de uma perspectiva individual pela metodologia elênctica. A convergência destes dois fatores torna impossível, por um lado, atingir a compreensão de uma virtude relacional, como a justiça, e, por outro, a descoberta da natureza da entidade investigada[25].

Esses dois objetivos vão ser atingidos pela perspectiva adotada na *República*. O abandono do *elenchos* sugere a assunção de uma atitude dogmática da parte de Platão. Tal conclusão não é, porém, forçosa. Pois, se a investigação exige respostas, nada impede que sejam propostas como hipóteses a confirmar posteriornnente[26].

---

24. Como vimos, no *Cármides* toda a investigação sobre a *sôphrosynê* é comandada pela definição paralela a esta: "cada um fazer o que lhe diz respeito" (ou "pertence": 161b).

25. Basta notar, embora por razões diversas, a nota inconclusiva com que terminam as refutações de Polemarco e Trasímaco.

26. A metodologia implícita na análise do segmento superior da seção superior da Linha indica que até se atingir o princípio não hipotético a investigação procede por "hipóteses, de fato, uma espécie de degraus e pontos de apoio..." (*Rep.* VI 511b).

Segundo, a ideia de uma virtude à qual as outras se acham subordinadas[27] adequa-se à concepção teleológica da virtude, da felicidade e do bem, requerida para rejeitar o "egoísmo hedonista" de Trasímaco e Cálicles, a que Glauco e Adimanto corresponderão[28]. É neste contexto ideológico que se enquadra a crítica platônica do prazer, saliente no *Fédon* e no *Górgias*. Enquanto este responde a uma necessidade do corpo, a totalidade dos princípios éticos constitui uma finalidade a que só a alma pode visar.

É sobre este traço que assenta a linha dominante da ética ocidental. Mas a defesa da injustiça, apresentada por Trasímaco, no Livro I, e Glauco e Adimanto, no início do II, constitui uma boa descrição do funcionamento do estado. Dois milênios mais tarde, vemo-la ecoada nas concepções políticas de Maquiavel e Hobbes, que não terá influenciado diretamente[29]. Esse reacender do realismo político, na modernidade e contemporaneidade, mostra-nos que a argumentação reportada por Platão deve ser levada a sério. Até porque só sua análise nos permite captar o refinamento da proposta que o filósofo lhe opõe.

Ao identificar a justiça com o "interesse do mais forte", na sua primeira definição, Trasímaco supera a oposição da lei à natureza, fazendo do mais forte o mais justo. Simplesmente, a circunstância de o acordo da força com a lei não ser durável, cedo ou tarde obriga o governante a infringir a legalidade, que ele próprio estabeleceu, para defender seu interesse. Daqui resulta a segunda definição de Trasímaco.

Neste ponto reside a perversidade do comportamento do "mais forte". Pratica a injustiça para defender seu interesse, mas recorre à justiça para manietar o justo. Enquanto souber fazê-lo sem ser visto ganha duplamente, pois não só colhe as vantagens que a injustiça lhe proporciona, como as protege pela impotência que amarra o justo ao cumprimento da lei. A aparência de justiça permite-lhe ficar impune, fazendo o mal às escondidas e derramando benesses à vista de todos. Deste modo sua prática é levada ao extremo da injustiça.

---

27. Aristóteles, na *Ética a Nicômaco*, 1130a17-24 — significativamente citando, sem dar-lhe nome, a segunda definição de Trasímaco (à qual confere um sentido totalmente oposto) —, chama-lhe "o todo da justiça" (ibid. 19).

28. A crítica da aparência, levada a cabo no final do Livro V, desmonta a base das concepções "correntes" da injustiça apresentadas pelos dois irmãos de Platão.

29. É sabido que Maquiavel se inspirou na história do seu tempo e Hobbes se terá inspirado em Tucídides, que traduziu. A redução do homem às paixões que o avassalam é o traço comum que unifica estas teorias do Estado, inspiradoras do liberalismo econômico e político. É relevante chamar a atenção para o apreço com que serão vistas por Nietzsche.

Consegue até iludir os mandamentos da justiça divina. Pois, se os deuses são indiferentes às ações humanas ou não existem de todo, nada terá a perder. Se, porém, existem e vigiam os homens, a experiência mostra que se deixam comprar por ritos e sacrifícios faustosos. Em qualquer dos casos, a injustiça mostra-se sempre mais vantajosa que a justiça.

É inútil tentar refutar esta argumentação. Uma vez que todos concordam que descreve a realidade política, de nada valerá a Sócrates provar que é moralmente errada. Resta-lhe apenas mudar de perspectiva e apresentar uma contraproposta coerente.

A concepção segundo a qual a gênese da cidade é determinada pelos postulados da unidade e funcionalidade permite-lhe estender à realidade política o pressuposto metafísico de que o homem é composto pelas naturezas opostas da alma e do corpo. Ora, se a cidade é uma unidade funcional, caberá à alma dirigi-la, visto só ela ser capaz de agir teleologicamente.

Na analogia da cidade com a alma assenta a concepção da justiça socrático-platônica: assim como só a razão pode governar o homem, só o filósofo é capaz de orientar os destinos da cidade. A tripartição da alma e da cidade salva as aparências dos conflitos que opõem, de um lado, a unidade à diversidade, do outro, a finalidade à necessidade. Resolvem-se todos na concepção de virtudes coordenadoras das outras virtudes, pela qual caberá à justiça e à *sôphrosynê* a função de assegurar a unidade psicopolítica no fim que tudo domina: o bem (propriamente, "o bom").

É, pois, a emergência do bem (V 449a; VI 505a) que determina que a apresentação da contraproposta platônica ao realismo sofístico se estenda até meados do Livro VII, primeiro, esboçando a critica da aparência, depois, definindo a via de acesso à Forma do bom.

4. A questão da piedade (*Eutífron* 10a-11b)

Ao contrário do que se passa com a sabedoria, a *sôphrosynê* e a justiça, a piedade — apenas referida de passagem na *República* — não põe a Platão qualquer problema, tanto no que diz respeito à sua relação com as outras virtudes como na sua integração no todo da virtude. Há, porém, um passo do *Eutífron* que merece atenção não só pela sutileza do raciocínio desenvolvido por Sócrates e pelas consequências que acarreta na avaliação do *elenchos*, mas também pela relevância do problema filosófico nele contido: referimo-nos à 3ª definição (10a-11b).

Como vimos no início, as duas primeiras respostas do adivinho tinham sido objeto da correção metodológica de Sócrates, pois nem "o que eu agora faço...", nem "o que os deuses amam" podem constituir definições da piedade[30]. Pelo contrário, a resposta "o que *todos* os deuses amam" satisfaz as exigências apresentadas. Mas será elucidativa acerca da natureza da piedade?

Esta é a questão implícita na obscura pergunta: "a piedade é amada pelos deuses porque é piedade, ou é piedade porque é amada pelos deuses?" (10a).

A pergunta relaciona os dois membros da definição. Residirá a natureza da piedade nela própria ou no fato de ser amada pelos deuses? E a resposta a dar-lhe implica a aceitação ou rejeição da resposta inicialmente apresentada. Na primeira alternativa, ela será insuficiente pelo fato de não ser esclarecedora acerca dessa natureza, enquanto da segunda decorre a sua correção. Esta é a maior dificuldade posta pela refutação de Sócrates. Uma vez esclarecida, subsistem apenas pequenos problemas.

Na primeira parte da refutação (10a-c), Sócrates inquire acerca da relação entre as formas ativas e passivas de uma série de verbos: "transportar", "conduzir", "ver", "amar". Em nenhum dos casos, alega, a forma passiva poderá ser considerada prioritária (como causa ou como explicação) em relação à ativa. O que quer que alguém faça ou sofra faz ou sofre pelo fato de (o) *fazer* ou *sofrer*, nunca pelo de aquilo (que faz ou sofre) *ser feito* ou *sofrido* (10c)[31].

Esta pequena e enigmática *epagôgê* mostra que o fato de algo ou alguém "ser amado" (ou qualquer outro verbo, na passiva) nunca poderá conter a razão (causa ou explicação) de alguém "amar" (ou qualquer outro verbo, na ativa) o que quer que seja.

Daqui resulta como *antilogos* que o fato passivo de "ser amada pelos deuses" não pode explicar a natureza ativa da piedade, pela qual ela é piedade (de modo perfeitamente independente do fato de "ser amada pelos deuses"). Pelo contrário, é a natureza da piedade que poderá explicar a razão pela qual ela é amada pelos deuses.

A definição deve então ser rejeitada porque "a piedade" e o fato de "ser amada pelos deuses" são diferentes um do outro[32] (10d-11a) e porque, além disso, o "ser amada" não é esclarecedor acerca da natureza da piedade[33]. Falta, portanto, descobrir qual é essa natureza. E é a essa tarefa que o resto do diálogo se dedica.

---

30. A primeira por reduzir a piedade àquilo que dela Eutífron entende naquele momento, impossibilitando qualquer debate critico. A segunda por inconsistência, devida à discordância dos deuses uns dos outros (impeditiva da constituição de um critério de avaliação da ação).

31. Enquanto a inversa é verdadeira: *só se pode dizer que* algo é feito ou sofrido por alguém pelo fato de alguém o fazer ou sofrer.

32. Ou, de forma mais prolixa, que os fatos de "a piedade ser piedade" e "a piedade ser amada pelos deuses" são distintos e diferentes um do outro.

33. Se há alguma razão para a piedade ser o que é, ela só pode residir na sua natureza própria. Se há alguma razão para ser amada pelos deuses, *ela só pode residir nesse fato, no arbítrio dos deuses*. É essa separação de razões que a refutação estabelece.

Resulta daqui outra questão, de enoune relevância. Esta aparente separação do humano e do divino, racionalmente introduzida, tem sido objeto de controvérsia teológica, pois conduz a duas visões totalmente distintas da relação entre o homem e Deus. Na perspectiva de Eutífron — se, na verdade, ele compreende o alcance da sua resposta —, todo o valor que os homens possam atribuir-se depende do juízo divino, sem que eles possam alguma vez fazer algo por isso.

Pelo contrário, na perspectiva de Sócrates, há uma razão — sempre a mesma — comum aos homens e a Deus, que explica por que é que as coisas são como são. É claro que Deus conhece essa razão e os homens talvez não. Mas o fato não pode dispensá-los de buscá-la, além de que, no que lhes diz respeito, serão sempre responsáveis pelos seus atos, destes dependendo o juízo que Deus deles fizer.

PROBLEMAS DA VIRTUDE

1. Unidade da virtude

A tese da unidade da virtude, ou das virtudes, nunca é explicitamente defendida por Sócrates, embora seja coerente com as concepções por ele avançadas em diversos diálogos[34]. No *Protágoras*, particularmente (329c-334c[35]), a tese é contraposta à concepção de virtude defendida pelo sofista e triunfa sobre ela. Mas isso não implica que Sócrates efetivamente a defenda. É nestes termos que a formula:

---

34. No *Górgias*, porém, Sócrates defende contra Cálicles a necessária unidade das virtudes *no sujeito*, a partir da sabedoria: quem é sensato (*sôphron*) é também piedoso, justo e corajoso (507a-c). Mas o fato não nos obriga a considerar essa urna "doutrina socrática" típica. O filósofo limita-se a propor uma tese que expressamente contradita a concepção da virtude para Cálicles (ver adiante a análise do *Górgias*; ver G. VLASTOS, The Unity of the Virtues in the *Protagoras, Platonic Studies*, Princeton [²1981] 234-246; A note on "Pauline Predications" in Plato, *Platonic Studies*, Princeton [²1981] 404-409).

35. Note-se que, como dissemos acima, embora a partir deste ponto o debate se dilua em argumentos ácidos, a tese permanece como pomo da discórdia até o final (reaparecendo pontualmente: 349b-d, 359a-b), podendo-se até considerar que a refutação do sofista concorre para o seu triunfo: "... mas agora, se [a virtude] parece ser toda saber..." (361b). Todavia, o resumo conclusivo do debate (360e-361d), apresentado por Sócrates, incide na questão da ensinabilidade, que refuta mais gravemente ainda a pretensão inicial do sofista de ensinar a virtude (318a-319a).

"[explica mais precisamente] se a virtude é uma coisa e a justiça, a *sôphrosynê*, a piedade são partes dela, ou se estas de que falei agora são todas nomes de um mesmo ente (329c-d).

Protágoras opta pela primeira alternativa e Sócrates pede-lhe que precise se se trata de partes funcionalmente idênticas ou distintas (partes de uma substância homogênea ou de um todo, como a cara: com olhos, ouvidos, boca etc.). Perante a opção pela segunda alternativa, Sócrates aborda-a pela perspectiva do possuidor: "... os homens que participam[36] destas partes da virtude, uns têm uma, outros outra, ou é necessário que, se têm uma, as tenham todas?" (329e).

O sofista opta pela primeira hipótese e, declarando haver homens corajosos, mas injustos, e justos, mas não sábios (329e; vide 359b), confirma que cada uma destas constitui uma parte diferente das outras (sendo a sabedoria a maior), distinta pela sua função no todo, como os olhos e os ouvidos na cara (329e-330b). Daqui resulta nenhuma delas "ser como a outra"[37], tornando-se necessário inquirir "o que são" estas partes (saber, justiça, coragem, *sôphrosynê*, piedade).

Por exemplo, a justiça é justa, tal como a piedade é pia[38] (330c-e). Mas será que a piedade é justa e a justiça pia[39], ou poderá ser ao contrário (331a-b)?

---

36. É em passos como este (ver *Gór.* 507a-c, acima citado) que se funda a leitura da "predicação paulina": ver abaixo.

37. A expressão é vaga, podendo significar a identidade, a relação bicondicional ou apenas a semelhança das virtudes umas às outras.

38. Muitos comentadores (baste nomear G. VLASTOS e o seu acima citado The Unity of the Virtues in the *Protagoras*, 221-269) constroem, a partir deste passo, o complexo problema da autopredicação (para o qual a "predicação paulina" — ver acima e adiante — constituirá uma solução). O problema consiste em aceitar que a formulação obriga a encarar a justiça (tal como as outras virtudes) simultaneamente como a classe das coisas justas e um membro dessa classe. Sem pretender retirar relevância da questão, parece-nos que Sócrates está apenas querendo saber se a justiça etc. pode ser considerada "aquela coisa 'que é' justa", a saber, a entidade, por excelência, portadora do predicado que a identifica e que ela transmite (por participação) aos outros entes que dela recebem esse predicado e o nome (os vários indivíduos e atos justos). E isto porque, se uma virtude não é, ela própria, aquilo que é, de nada serve tentar relacioná-la com as outras, com vista a estabelecer ou a negar a sua semelhança com elas.

39. Atribuir a uma entidade o predicado suportado por outra pode ser encarado de dois modos: quer implicando a inclusão, total ou parcial, de uma na outra, quer a copertença de um ou vários membros às duas classes. Interpretar a predicação de uma classe a partir dos membros que a constituem exemplifica a chamada "predicação paulina": por exemplo, a "justiça é justa" significa que o predicado é atribuído à classe, como consequência de ser atribuído a cada um dos membros da classe. Quanto à inclusão de classes (Formas) umas nas outras, a questão ocupa posição proeminente nos diálogos sobre a teoria das Formas, como veremos.

Protágoras tenta introduzir uma distinção, mas desiste, aceitando parcialmente as equivalências propostas, concedendo haver alguma semelhança entre elas (331c-e).

Sócrates manifesta desconfiança pelo modo como o sofista se exprime, mas resolve atacar a questão de outro ângulo. Passa para a loucura (ou "insensatez": *aphrosynê*), caracterizando-a como o contrário da sabedoria (*sophia*). Mas altera subitamente o curso do diálogo, passando a considerar as ações virtuosas ou viciosas, que explica pela participação na virtude ou no vício oposto[40]. Será o caso da *sôphrosynê*, oposta à *aphrosynê*, da força e da fraqueza, da rapidez e da lentidão, e de todos os contrários (332b-c).

Conclui depois que, de diversos contrários — o belo e o feio, o bem e o mal, o agudo e o grave —, cada um destes tem um só contrário (332c-d). Mas torna logo a seguir à *aphrosynê*, para a qual Protágoras indicou dois opostos: a *sôphrosynê* e a *sophia* (332d-e).

E remata com uma aporia generalizada: ou cada virtude tem um único contrário, ou a sabedoria *não* é diferente da *sôphrosynê* (o que é impossível, sendo cada uma delas uma parte diferente da virtude: 333a-b). Tenta ainda aprofundar a aporia, explorando a anterior admissão de alguns justos não serem sábios e alguns corajosos justos (329e). Mas Protágoras dá sinais de não estar pelos ajustes e o debate morre.

Que fazer deste argumento?

Como vimos, Sócrates quis obrigar Protágoras a admitir que "no todo" a virtude é saber (361b), para assim refutar a pretensão, que o sofista inicialmente apresentou, de ensiná-la. Terá conseguido atingir o seu objetivo, mas não ficou claro como pode o outro concluir que a virtude será "tudo menos saber"[41] (361c).

De resto, não cremos que da argumentação de Sócrates no *Protágoras* seja possível extrair a defesa de qualquer teoria sistemática sobre a virtude. É tudo dialética[42].

---

40. Embora o termo não compareça ao longo deste passo (332b-c; em vez dele Platão recorre a expressões que significam a causa: dativos simples e genitivos, regidos da preposição *hypo*), não violentaremos o texto se, por analogia com 329e, recorrermos à "participação".

41. O que está em causa é a admissão do postulado — sempre aceito sem demonstração (*Mên.* 87c) — de que só o saber é ensinável. Logo, se a virtude é saber, é ensinável. Torna-se assim difícil entender a posição de Protágoras, sobretudo se se notam as suas repetidas defesas da importância do saber: 330a, 352c-d, 357c (fala Sócrates).

42. O que significa que os argumentos não podem ser arrancados do contexto em que surgem para ser interpretados como teses autônomas, "doutrinas", defendidas por Sócrates.

E nem toda ela honesta[43]. Parecerá, portanto, excessivo conceder a Sócrates a demonstração da unidade das virtudes[44], embora seja plausível supor que admite a semelhança entre elas. Mas teremos de voltar a esta questão, visto a relação entre o saber e a virtude desempenhar uma função capital no *Mênon*, servindo de ponto de apoio à concepção de filosofia como o "amor da sabedoria", desenvolvida por Platão nos diálogos sobre a teoria das Fornias (em particular na *República*, como vimos).

2. A virtude como atividade profissional, garante do bem dos seus produtos

Como vimos acima, ao referir-se aos três grupos de cidadãos nos quais procurou interlocutores — estadistas, poetas e artífices —, Sócrates distingue os últimos por serem aqueles em quem encontrou algum saber (*Ap.* 22c-e). Talvez desse fato resulte o tratamento que reserva a todos: encara as respostas que dão às perguntas que faz como se fossem o artefato que consubstancia o saber e o valor da arte deles.

Esta característica da estratégia refutativa de Sócrates é bem conhecida dos comentadores[45], revelando-se nomeadamente no costume de argumentar sobre a virtude recorrendo a constantes analogias com as artes e os ofícios.

São óbvias as vantagens desta prática. Permite-lhe refutar os interlocutores sem se assumir como sabedor, conferindo-lhes a atenção devida a peritos (*Cr.* 47b-48a), para, no fim, responsabilizá-los pela situação aporética a que se deixam reduzir.

Permite-lhe ainda conduzir todo o debate como uma investigação que parte de uma presunção de saber e se desenvolve como uma interminável busca do autêntico saber. Desse modo, acomoda-se perfeitamente ao programa socrático

---

43. Sócrates recorre a alguns golpes baixos, como obrigar o sofista a conceder-lhe proposições "por procuração" (333b-c, 352a-353b), conseguindo a primeira refutação com base numa distinção puramente verbal (a oposição da insensatez à sensatez e à sabedoria). É claro que a semelhança de uma à outra não é bastante para refutar Protágoras. Ver J. T. SANTOS, La manipolazione socratica di Protagora, in G. CASERTANO (a cura di), *Il Protagora: struttura e problematiche*, Napoli, 2004, 701-715.

44. Quer a tese de uma única virtude, com vários nomes (329d, 349b-c), quer a da equivalência "bicondicional" entre elas: quem tem uma tem todas (329e; ver G. VLASTOS, op. cit., 232-234).

45. É habitualmente referido pelos estudiosos anglo-saxões como a *craft-analogy* ("analogia com os ofícios"). Para um tratamento tão sucinto quanto profundo da questão, ver T. IRWIN, *Plato's Moral Theory*, Oxford, 1977, 71-77; e *Plato's Ethics*, New York/Oxford, 1995, 65-77. Ambas as obras constituem uma das mais relevantes abordagens abrangentes da ética platônica.

de pesquisa, no qual virtude e saber convergem. Todavia, apesar da coerência da estratégia adotada, há casos que a ela não se adequam.

A norma é dada pelos casos paradigmáticos, por exemplo Protágoras. Como sofista, terá de se manifestar detentor do saber que justifica o interesse público que lhe é conferido. O mesmo se passa com Górgias. Mas com este manifesta-se um primeiro problema técnico.

2.1. As falsas artes: oradores, rapsodos e adivinhos

Como praticante de uma arte — a oratória —, Sócrates pode obrigá-lo a especificar esse "algo" que constitui o "objeto", bem como o "produto", da sua arte[46]. No *Íon*, faz a mesma exigência ao rapsodo Íon[47]. Em substância, Sócrates exige e deixa estabelecido que para cada tema (ou "assunto", *pragma*: 537e2), há uma, e só uma, arte, de modo que só seu conhecimento habilita juízes competentes (537d5-e1; 538a2-4, 538a5-7). Naturalmente, o rapsodo não é capaz de satisfazê-lo, com isso mostrando não praticar uma arte legítima.

A crítica engloba Eutífron, que é adivinho (ver *Ap.* 22c; *Íon* 534d). Mas nem Laques nem Moias, generais, podem ser considerados homens de ofício. Nestes casos, a capacidade dos inquiridos de responder sobre o tópico da investigação é assegurada pelo reconhecimento público de que são objeto e pela relação das suas atividades com ele[48].

2.1.1. Crítica à poesia

Embora não se possa confundir a falsa arte do rapsodo com a do poeta, pelo fato de a competência daquele se limitar a Homero (533c), há um ponto comum a

---

46. Em grego, Platão refere esse objeto por um pronome indefinido, por vezes no acusativo, *ti* (*Gór.* 451a-b passim), por vezes no genitivo, *tinos* (*Gór.* 453b passim), regidos da proposição *peri*. O "produto" aparece referido pelo mesmo pronome, no genitivo, regido de *peri* (455d passim), ou pelo substantivo *ergon* ("trabalho", "função": 452a passim).

47. Entre muitos intérpretes, encontramos ultimamente o tópico tratado por Charles KAHN, *Plato and The Socratic Dialogue*, Cambridge, 1996, 102-118; 128-132.212-214; com citação da bibliografia relevante (outra obra capital para a abordagem global dos chamados "primeiros diálogos").

48. No *Laques*, quando se levanta o problema de saber se é competente para conduzir a investigação (186a-187b), Sócrates nega-o, justificando-se pelo fato de não ter tido mestres, nem poder apresentar obras (*erga*: 186b) suas.

ambos na crítica que Sócrates lhes faz: receberem a sua capacidade de uma "força divina" (*theia dynamis*: 533d; "o entusiasmo" de *Ap.* 22b-c). O seu efeito é comparado ao da "pedra de magnésia", que é capaz de atrair elos de ferro, formando com eles uma cadeia, presa pelo seu poder aglutinador (*Íon* 533d-534a).

2.1.1.1. OS POETAS NA *REPÚBLICA*

Esta crítica específica não ocupa posição relevante na avaliação dos poetas, desenvolvida ao longo da *República* nos Livros II, III e X, que nos merece uma ressalva. Do nosso ponto de vista, a posição platônica sobre Homero e os poetas — expulsos da cidade, depois de coroados de grinaldas (III 398a) — degenerou numa polêmica equívoca.

Platão está interessado em patentear a insuficiência da poesia, em termos educativos, sobretudo naquilo que encaramos hoje como "formação da cidadania" O mérito da criação poética não é em absoluto diminuído, mas, pelo contrário, preservado pela tese da inspiração divina, que nos parece não poder ser interpretada ironicamente. De resto, a recorrência das citações poéticas no *corpus*, fora do contexto crítico da *República*, constitui prova do apreço de Platão pela poesia[49].

2.2. A crítica à sofística

É obviamente impossível abordar aqui a questão da crítica de Platão aos sofistas, expressa em tantos diálogos distintos e de perspectivas tão diversas. Encará-la unitariamente exigiria uma obra de grande porte, que lançasse luz sobre um assunto que tem sido objeto de tratamentos tão diferenciados da parte da crítica[50].

Limitamo-nos, portanto, a remeter para as observações e análises apresentadas nos diversos diálogos em que compareçam sofistas.

---

49. Neste ponto, atemo-nos à linha seguida por E. HAVELOCK, *Preface to Plato*, Oxford 1963, contra a linha desenvolvida — pela larga maioria dos comentadores do tópico.

50. Referimo-nos em particular às mais relevantes obras que defendem os sofistas das criticas de que são objeto da parte de Platão: E. DUPRÉEL, *La légende socratique et les sources de Platon*, Bruxelles, 1922; M. UNTERSTEINER, *I sofisti*, Milano ²1967 (trad. ingl.: *The Sophists*, Oxford, 1954); K. POPPER, *The Open Society and its Enemies I*, "The Spell of Plato", London, 1945.

2.3. Os interlocutores não alinhados

As exceções à "analogia com as profissões" são Mênon, Crítias e incidentalmente Aflito, cujas capacidades nunca são questionadas, nem se relacionam "profissionalmente" com o objeto das perguntas. Estranhamente, o mesmo valerá para os sofistas Eutidemo e Dionisodoro, denunciados no *Eutidemo*[51] mais como aberrações do que como representantes da arte. Talvez por esta razão as refutações — para as quais nem sequer há lugar no diálogo — não assumam a estrita forma antilógica[52].

2.4. A virtude como atividade coordenadora das outras

Um último aspecto relevante da analogia com os ofícios é o princípio de que a virtude é uma atividade que assegura a boa utilização dos seus produtos. É este o ponto em que a analogia é levada ao extremo, implicando a tese de que a virtude está isenta de erro, ao contrário de todas as outras atividades produtivas, suscetíveis de bons e maus usos.

Essa característica decorre do fato de a virtude ser um saber do bem e do mal (*Cár.* 174b-d; *Laq.* 199c-e; *Eutid.* 292a-d). O seu estatuto epistêmico bem como o objeto a que se aplica fazem-na necessariamente infalível. Mas não se compreende exatamente como poderá nos ser útil. É claro que a sua função consistirá em controlar os produtos das outras artes (*Cár.* 174e-175a), em assegurar que sejam usados para o bens[53] (*Eutid.* 289b-c). Logo, só dela poderá resultar

---

51. Neste caso achamo-nos mais diante de um catálogo de sofismas, de um mergulho no espetáculo da estupidez humana e nas dramáticas consequências que tem para a razão do que perante uma autêntica investigação. A propósito desta última nota, saliente-se a relevância do comportamento da assistência (que só tem par nas referências ao comportamento dos juízes na *Apologia*). Na verdade, se os lances dialéticos mais estapafúrdios dos dois erísticos não ganhassem a ruidosa adesão da assistência, o *Eutidemo* não teria a dimensão dramática que lhe é conferida pelos circunstantes e reforçada pela apreciação do logógrafo anônimo (304c-307c), que tão perplexo deixa Críton.

52. O mesmo acontece com o *Hípias menor*. As refutações deste diálogo não exibem as características formais dos outros diálogos do grupo (a pergunta "O que é?" não define um tópico de investigação). O diálogo parte de um debate exegético sobre a avaliação dos méritos de Aquiles e Ulisses para as consequências da confusão entre os sentidos ético e técnico da produção artística (o mentiroso que conhece a verdade é "melhor" que aquele que ignora).

53. Saliente-se que, em relação ao referido conflito do *Hípias menor*, esta característica da virtude impossibilitaria as vergonhosas consequências da admissão que remata o diálogo: "o que erra voluntariamente, fazendo coisas más e vis — se há alguém como este —, não será outro que não o homem de bem" (376b).

a felicidade (ao contrário do que se passa com a oratória: *Eutid.* 289d-e). Mas nenhuma dessas exigências exprime mais do que um projeto.

3. Polêmica sobre a virtude (*Górgias* 481b ss.)

Em todos os diálogos que analisamos até aqui a virtude é encarada como um bem inquestionável, princípio determinante da ação e do comportamento dos homens, condição e finalidade da vida na cidade. Mas há uma obra em que essa unanimidade é posta em causa. É o *Górgias*.

A questão não emerge com nitidez ao longo dos debates em que Sócrates defronta os três oradores que se lhe opõem. Como vimos, no primeiro, o seu objetivo é levar Górgias a precisar o estatuto da retórica, mediante a definição do seu objeto e do seu produto.

Tendo-lhe este concedido que a retórica produz a persuasão, destituída de saber, sobre o justo e o injusto (454b, 454e-455a), Sócrates pode concluir não se achar diante de uma autêntica arte, mas de uma mera prática (*empeiria*: 462c; 461b-466a). Todavia, o fundo ético da crítica à retórica só se manifesta quando o filósofo força o orador a reconhecer a impossibilidade de um ensino da retórica que dispense o saber acerca do justo e do injusto (459c-461b), reconhecimento que precipita sua refutação.

É a reserva de Górgias perante a humilhação a que foi submetido[54] que anima Polo a intervir. Mas com ele o conflito ético não tarda a se deflagrar. À redução da retórica a mera adulação[55] Polo opõe — à semelhança de Trasímaco (*Rep.* I 338c, 343c-344c) — uma concepção realista da política: o poder é o que mais importa na cidade, e o tirano constitui o melhor exemplo do triunfo (466b-471d).

---

54. O orador acha-se numa posição delicada: ou admite ter o saber sobre o justo e o injusto para poder transmiti-lo (não basta o decoroso propósito de que o outro "aprenderá com ele as coisas que ignora": 460), ou nega sentido e relevância a esse saber. Em qualquer dos casos, arrisca-se a uma acusação de impiedade (mais grave ainda pelo fato de ser estrangeiro em Atenas). Não esqueçamos, porém, que todas essas alegações se fundam em ficções literárias, pois os diálogos não podem ser confundidos com transcrições de debates reais. A reserva expressa é válida para o *Protágoras*. A deslealdade a que Sócrates recorre no debate com o sofista só é perceptível porque Platão a registrou no texto.

55. Por visar "o agradável sem o melhor" (465a), ou seja, por se limitar a dizer aos ouvintes o que eles gostam de ouvir e não aquilo de que precisam para se educar e se corrigir (ver adiante a insistência de Sócrates na função purificadora da punição: 476a-478e).

Sócrates refuta-o com um intricado e duvidoso argumento, construído para defender sua tese de que "cometer a injustiça é mais vergonhoso que sofrê-la"[56] (473a). A refutação de Polo resulta do fato de admitir — como Cálicles denunciará adiante (482d) — que "cometer a injustiça é mais vil (*aischion*) que sofrê-la". Ora, se é claro que assim seja para quem a sofre ou testemunha, já não é evidente que o seja para quem a comete[57].

É este erro que Cálicles se recusa a cometer, defendendo consistir a justiça na lei do mais forte (483d-484c), tese que adiante conduzirá a uma total reformulação da concepção tradicional de justiça (491e-492c). De acordo com ela, o homem mais forte só poderá ser feliz sendo justo consigo próprio, o que o levará a

> ... deixar crescer à vontade as suas paixões, sem as reprimir, e, por maiores que elas sejam, deverá ser capaz de as satisfazer graças à sua coragem e inteligência, dando-lhes tudo aquilo que elas desejarem[58] (492c).

Este é o tipo de vida em que para ele consistirão a virtude e a felicidade, tudo o mais se reduzindo a "ninharias sem valor".

E que tem Sócrates a contrapropor a semelhante concepção? No *Górgias*, a refutação é sem dificuldade conseguida através de um argumento *ad hominem*. Referindo-se a prazeres publicamente considerados vis e vergonhosos (494e), o filósofo obtém do seu interlocutor uma concordância que, por mínima que seja, lhe chega para humilhá-lo.

É que, para evitar a refutação, Cálicles teria de se mostrar vicioso ao ponto da abjeção, admitindo levar "a vida dos debochados" (494e). Mas não é capaz

---

56. No conjunto dos diálogos socráticos, este é o único local em que Sócrates propõe uma tese sua e a submete a juízo, em confronto com a tese do seu interlocutor. Cremos ser esta a razão pela qual recorre a uma linguagem desusadamente assertiva, insistindo na verdade e em demonstrações e provas com "argumentos de ferro e diamante" (509a). Esta expressão parece, de resto, nitidamente retórica.

57. Cálicles refere-se (482e-483e) ao conhecido *topos* que opõe a lei (ou convenção: *nomos*) à natureza (*physis*). Ninguém que examinar a questão em apreço do ponto de vista da lei admitirá a cisão entre a justiça e a nobreza (o contrário de vil: *kallos/aischros*). Não será, porém, forçado à mesma conclusão quem a examinar do ponto de vista da natureza, pois deverá prestar atenção apenas ao seu interesse: visto ser esse que acaba por ser o que "para ele" é justo! Se Polo não partilha esta posição, acha-se em nítida contradição com a defesa que ele próprio antes fez do tirano e do incontido exercício do poder (ver acima o nosso comentário ao problema da justiça, na *República* I-IV).

58. Tradução de M. O. Pulquério, PLATÃO, *Górgias*, Lisboa, 1994.

de chegar *publicamente*[59] a esse ponto e capitula (494e-495a). Uma vez mais, a busca do consenso interior produziu o resultado desejado. Neste caso, percebendo ser impossível *provar* ao seu adversário a superioridade de uma vida virtuosa, Sócrates opta por testar — no próprio interlocutor — a consistência da reformulação da virtude como vício, que o outro lhe ofereceu.

O pequeno ponto que lhe foi concedido revelou-se bastante. Mas poderia não ter sido assim[60]. O exemplo é adequado para avaliar o poder e as limitações do *elenchos*. Não se pense, porém, que a vergonha chegou aonde a ética se revelou impotente. O recurso usado por Sócrates mostra que *há* um consenso interior que todo homem respeita: lógica, ética ou psicológica, essa é a base do *elenchos*! Parece-nos que esse princípio é suficientemente forte para caracterizar globalmente o tipo de investigação desenvolvido por Sócrates.

4. Virtude e saber: o *Mênon*

Ao contrário do que vimos acontecer nos diálogos socráticos, no *Mênon* a solução para o problema formulado no texto é apresentada no próprio diálogo. O fato deve-se à estrutura desta composição, que manifesta características únicas[61] em toda a produção platônica. A contiguidade, numa única obra, de nada menos

---

59. A "vida de debochados" consistiria na evidência de a prática da sodomia passiva ser prazerosa. Sobre o aspecto público da admissão, ver ANTIFONTE DK87B44A; *República* II 359b-360d. Neste passo é contada a história do anel de Giges, que tomava invisível quem o usasse. O exemplo é usado para argumentar que ninguém se privaria de uma ação injusta que o beneficiasse se estivesse certo de não poder ser apanhado a cometê-la.

60. No *Eutidemo*, os dois sofistas recorrem a todos os expedientes para evitar a refutação, incluindo negar a possibilidade de contradição (285-286b) e pretextar falta de memória para recordar urna afirmação pouco antes feita (287b).

61. Podemos dividir o *Mênon* em quatro partes. A primeira (70a-80d) apresenta as características e dimensões de um diálogo elênctico, desprovido de introdução. A segunda (80d-86c) consiste num diálogo e num metadiálogo associados, precedidos de uma breve introdução histórica. A terceira (86c-90b, 95a-100c) ilustra uma investigação comandada pelo método hipotético, interrompida por um excurso (90b-94e). A quarta (90b-95a) é constituída pelo episódio da intervenção de Ânito, apresentado na forma de um interlúdio dramático. Para além da variedade de estilos numa única obra, saliente-se ser particularmente rica a diversidade de leituras a que esta estrutura se presta, devido à possibilidade da influência retroativa das seções posteriores sobre as anteriores. Isso quer dizer que as conclusões atingidas em cada uma podem retroagir sobre as anteriores. Ver o nosso: La struttura dialogica del *Menone*: una lettura retroattiva, in G. CASERTANO (a cura di), *La struttura del dialogo platonico*, Napoli, 2000, 35-50.

que três métodos de investigação distintos[62] permite-nos encarar a problemática da virtude de duas perspectivas que é habitual opor cronologicamente: a dos diálogos socráticos e a dos que se dedicam à exposição da teoria das Formas. Em ambas, saber e virtude ocupam posição fulcral, embora se articulem de modo muito diferente, como veremos.

Rejeitada a pergunta de Mênon, Sócrates orienta o diálogo para a resposta à pergunta "O que é a virtude?"[63]. Todavia, depois de ter instruído o seu interlocutor sobre as características da resposta que deve formular (72-76) e de tê-lo refutado três vezes (77b-79e), ouve-o acusá-lo de feitiçaria (79e-80b) e, logo a seguir, de o obrigar a dar uma resposta ou impossível ou redundante[64].

A objeção deve-se ao fato de Sócrates o ter forçado a iniciar a investigação com a resposta a algo que ele só pode ignorar ou saber. Se ignora, não pode responder como se soubesse. Por outro lado, se *já* sabe, de nada serve perguntar. Em qualquer dos casos — e este é o ponto capital —, alegadamente a metodologia utilizada não promove, nem permite, a passagem do não saber ao saber, ou seja, a aprendizagem.

Convenhamos tratar-se de uma objeção pertinente! Disso mesmo se apercebe Sócrates, que se lança a responder a cada um dos pontos referidos. Para tal, recorre a um escravo sem instrução, com quem vai dialogar[65], paralelamente comentando com Mênon os resultados atingidos pelo interrogatório do jovem.

É neste metadiálogo que vão ser apresentadas as respostas a duas das objeções de Mênon. Em 84b-d, fica esclarecido o valor heurístico e construtivo da aporia[66].

---

62. O *elenchos*, a anamnese e o método hipotético. O primeiro revela as potencialidades da avaliação do consenso interior, como investigação em busca do saber; o segundo fornece a base do método, explicando *como* e *por que* as respostas podem ser extraídas por Sócrates do seu interlocutor; o terceiro mostra como a hipótese permite que o saber se expanda, integrando "não saberes".
63. Ver acima, capítulo primeiro, "Refutação e saber", p. 53.
64. Que só pode ser saber ou não saber, sem que de algum modo seja possível passar de um a outro (80d-e). Em qualquer das formulações da objeção — que não são inteiramente coincidentes —, o que está verdadeiramente em causa é a importante questão da impossibilidade da aprendizagem.
65. Adiante, no Apêndice "O que Sócrates não ensinou ao escravo" (p. 104), analisaremos esse diálogo, que consideramos ser oferecido como paradigma do método elênctico. Para uma interpretação mais aprofundada, na qual é citada a bibliografia relevante, ver o nosso A anamnese no argumento do *Mênon*, in J. T. SANTOS (org.), *Anamnese e saber*, Lisboa, 1999, 63-92, 96-107 e ainda 227-230.
66. Mênon concorda que ela concorre para o progresso da investigação pelo fato de levar o jovem a: 1) compreender que não sabe ("agora crê estar na aporia e, como não sabe, não julga saber": 84a-b); 2) ganhar uma melhor compreensão *daquilo* que não sabe ("acha-se melhor acerca daquilo que não sabia": 84b).

Em 85b-86c, que mesmo alguém que não sabe tem em si opiniões verdadeiras, suscetíveis de ser despertadas por um interrogatório repetido (85c-d).

A terceira e mais difícil resposta vai ser dada logo a seguir. Uma vez que Mênon não desiste de ver respondida sua pergunta inicial acerca do modo como a virtude é transmitida aos homens, Sócrates decide-se a emitir uma hipótese sobre "o que é" a virtude, para tentar ultrapassar a incapacidade antes patenteada de chegar a uma definição da sua natureza.

Mas a hipótese "a virtude é saber" vai conduzir a resultados contraditórios (circunstância que conduz à sua rejeição). Teoricamente, obtém-se uma convergência perfeita entre a virtude, o bem e o saber, da qual resulta:

1) que ela é ensinável (87c-89a);
2) que ninguém é "bom por natureza" (89a-b).

Na prática, porém, faltam os mestres e os discípulos que a deveriam ensinar e aprender (89d-e). E o recurso à participação do até aí silencioso Ânito só vai complicar ainda mais o embaraço[67].

O retorno a Mênon confirma a impossibilidade de encontrar mestres de virtude[68] (95b-96c) e produz um resultado de todo inesperado: o da rejeição da coextensividade da virtude com o saber[69]. A partir de 96e, Sócrates admite que

---

67. Ânito é um homem de sucesso, bem-nascido, rico e poderoso. Decerto, alguma virtude lhe deverá ser atribuída! Esse interlúdio tem o mérito de mostrar as dificuldades em que se acha o filósofo quando tenta dialogar com os poderosos. Todavia, o saldo da tentativa parece-nos não ser tão negativo quanto aparenta, conduzindo a um compromisso: primeiro na rejeição dos sofistas como mestres de virtude; depois, na certeza de que deve haver alguma forma de aquisição da virtude para além do saber.

68. Pois nem os sofistas, nem os bem-nascidos "homens de sucesso" (*kaloi k'agathoi*) possuem o saber que lhes permitiria ensiná-la. Devemos porém notar que, mesmo depois de rejeitada a hipótese, nunca é abandonado o princípio que liga o saber à ensinabilidade, ou estabelece o saber como condição para o ensino da virtude.

69. Ou seja, a aceitação da possibilidade de haver homens virtuosos que não são sábios, mas não a inversa, pois não há no texto evidência de, em qualquer circunstância, Sócrates poder admitir que um sábio não seja necessariamente virtuoso, nem que, repetimos, se a virtude é saber, não se possa ensiná-la (89d)! O problema, deve-se enfatizá-lo, é outro. Da identidade formal da virtude com o saber resulta a existência necessária de homens sábios, implicada pela de homens virtuosos. Ora, não havendo quaisquer provas da existência de homens sábios ("mestres e discípulos de virtude": 89d-e), daí decorrerá a inexistência de homens virtuosos. Mas esse fato — embora por razões totalmente diferentes —, nem Ânito, nem Mênon, nem o próprio Sócrates poderão admitir!

a opinião verdadeira pode servir de guia na ação[70], concedendo aos seus interlocutores que os bem-nascidos podem agir virtuosamente, como consequência de algum "dom divino"[71] (99c-d, *theia moira*: 99e). Mas é claro que não poderão transmitir essa "virtude" a outros, nomeadamente aos seus filhos, porque a adquirem "sem saber" (99e).

A conclusão do diálogo, portanto, só aparentemente poderá ser considerada negativa, quer do ponto de vista metodológico, quer do temático. No primeiro domínio, notamos duas relevantes inovações. Pela primeira, pudemos perceber como o *elenchos* pode ser usado não apenas para refutar, mas também para investigar e descobrir. Pela segunda, foi manifesto como a incapacidade de desenvolver a investigação através da obtenção de uma resposta à pergunta "o que é?" pode ser superada pela introdução de hipóteses[72].

No domínio temático, mesmo sem que se tenha conseguido obter uma definição satisfatória de virtude, a situação aporética foi desbloqueada, tendo-se chegado não a uma, mas a duas virtudes. Uma, que é saber, é teoricamente ensinável, mas na prática não pode ser ensinada, dada a inexistência de quem a ensine e a possa aprender.

A outra consiste na possibilidade de produzir opiniões verdadeiras acerca do modo como a vida corrente deve ser orientada. Como não é saber, não pode ser ensinada, nem transmitida de qualquer forma, sendo recebida como um dom divino, nada mais havendo a dizer sobre ela, a não ser que ou se a tem, ou se a não tem.

---

70. O que equivale a "salvar os fenômenos" políticos (ver H. CHERNISS, The Philosophical Economy of the Theory of Ideas, in R. E. ALLEN [ed.], *Studies in Plato's Metaphysics*, London, 1965, 1-12), concedendo a Ânito e a outros como ele a virtude requerida para orientar os negócios da cidade. Note-se que essa concessão não é consistente com as muitas críticas, em outras obras, dirigidas por Sócrates aos representantes do poder político: no *Górgias* 525a-526b, apresenta Aristides, "o justo", como o único estadista digno de escapar aos tormentos infligidos aos maus no Hades.

71. A maioria dos comentadores do diálogo inclina-se a considerar este "dom divino" uma óbvia ironia da parte de Sócrates/Platão. Ver D. SCOTT, *Recollection and Experience*, Cambridge, 1995, 43, 46-47. Não concordamos, por um lado, por nada no texto sugerir ironia; por outro, pelo fato de esta constituir a justificação da fortuna de um homem, mais habitual no mundo antigo. A solução parece-nos tão simples quanto evidente. Se explicarmos o sucesso pela capacidade de produzir opiniões verdadeiras para resolver questões práticas, teremos de explicar a origem dessa capacidade, que não pode ser inata, nem aprendida. Perante a não contestação da existência de homens de sucesso, o recurso à "inspiração divina" constituirá então uma boa saída para a dificuldade (outra só poderia ser o acaso).

72. Também este aspecto desenvolveremos adiante, a propósito da análise da proposta do método hipotético no *Fédon*.

Quanto à virtude teorética, se não é objeto de ensino e de aprendizagem, no sentido tradicional, deverá constituir a finalidade a atingir pelo "amor do saber": a filosofia[73]. Deverá incorporar a prática do interrogatório elênctico, orientado agora para a busca do "raciocínio explicativo" (98a), capaz de encadear as opiniões verdadeiras, de modo que consiga projetá-las no saber (97e-98a). Mas, embora o texto não o manifeste de forma explícita, não poderá deixar de se integrar no projeto da anamnese.

Apêndice
"O QUE SÓCRATES NÃO ENSINOU AO ESCRAVO"

O diálogo com o escravo levanta uma série de delicados problemas de interpretação que se torna necessário resolver. O mais importante de todos tem a ver com a repetida alegação de Sócrates de "não ensinar nada ao rapaz" (82e, 84d), de este "ter tirado tudo de si" (85b). Como, aos olhos de um leitor atual, Sócrates não faz outra coisa que não seja ensinar evidentemente o escravo, há que mostrar em que sentido, se é que em algum, os seus propósitos devem ser respeitados.

Associados a este vêm outros problemas, tais como avaliar exatamente o que ele conseguiu com a sua demonstração, para além de levar Mênon a aceitar a ideia da anamnese, com tudo o que ela implica. Mas também é importante compreender como o processo funciona: desde saber o que é a reminiscência e como se recorda, até fazer uma ideia das consequências que daí resultam. Sigamos toda a demonstração, passo a passo.

Sócrates começa por desenhar um quadrado no chão, interrogando o escravo sobre a figura traçada. Ensina-lhe que aquele espaço[74] é *um* quadrado, explicando-lhe depois as propriedades *do* quadrado (lados iguais e, implicitamente, paralelos). Passa então à noção de área e, atribuindo uma medida ao lado (2 pés), ensina-lhe a fórmula da área do quadrado (2 x 2 = 4 pés: 82c-d[75]).

---

73. Esta conclusão é inescapável, embora nada no texto diretamente a sugira. Só nos diálogos sobre a teoria das Formas, explicitamente no *Fédon* e no *Fedro*, a questão ganha a proeminência que o *Mênon* lhe não confere.

74. Em Grego, *chôrion* não designa propriamente o nosso conceito abstrato de "espaço" — que Platão aborda e aprofunda na *República* VII e no *Timeu* —, mas a "localização", ou "lugar". A figura do quadrado será então "o limite" desse lugar (ver antes 74b-75e, para a definição de "figura").

75. Tudo isto recorrendo à técnica habitual do método de pergunta e resposta. As anuências do interlocutor convertem em respostas dele próprio às perguntas de Sócrates.

Eis uma possível interpretação das figuras geométricas, desenhadas por Sócrates, no chão:

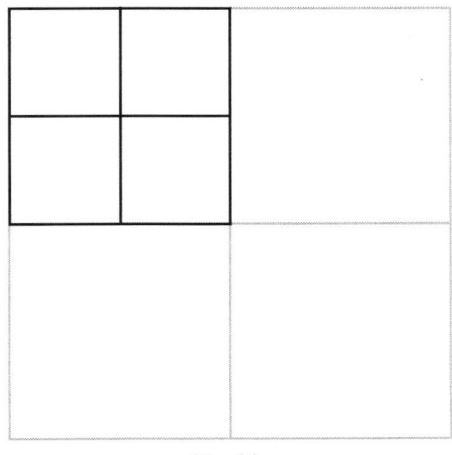

82b-82d

83a-83c

Posto isto, leva-o a aceitar a possibilidade de construção de um quadrado duplo do dado, cuja área seria de 8 pés (82d), perguntando-lhe então sobre que linha se construiria essa figura (82d-e). O rapaz responde que seria sobre a linha dupla (4 pés). Sócrates aproveita a resposta para iniciar o metadiálogo com Mênon (82e).

Retomando a conversa com o escravo, sintetiza os resultados atingidos numa proposição universal ("o espaço duplo forma-se a partir da linha dupla": 82e-83a). Confirma esta conclusão com o desenho da nova figura (83a-b). Pede-lhe então que compare a área dessa nova figura com a da anterior, respondendo-lhe o rapaz que a segunda é quádrupla da primeira, conclusão que Sócrates lhe pede que confirme pelo cálculo ($4 \times 4 = 16$: 83b-c).

Passa então a estabelecer os limites da solução do problema. Se o lado original mede 2 pés e o duplo 4, o número procurado deve estar entre estes, só podendo ser 3 (83d-e). O quadrado com 3 pés de lado é então desenhado sobre o esquema já traçado. Mas uma simples operação de cálculo vai mostrar que a resposta não é satisfatória, pois $3 \times 3 = 9$, enquanto $2 \times 4 = 8$ (83e). À repetição da pergunta o rapaz confessa então não saber (84a).

83e

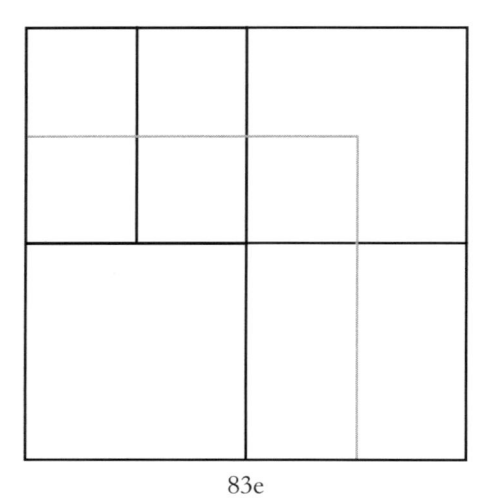

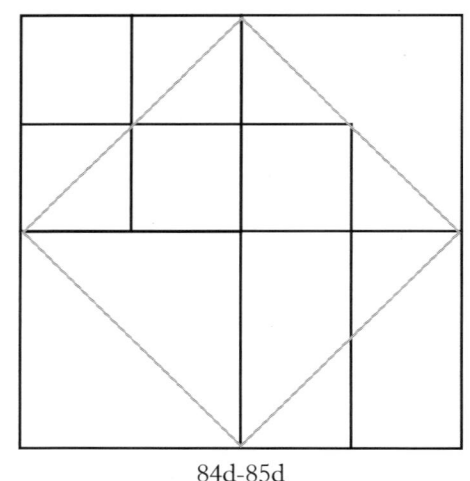

84d-85d

Regressando ao metadiálogo com Mênon, Sócrates leva-o a conceder-lhe que a aporia constitui um benefício (84a-c), mas aproveita para obter do outro a confirmação de nada ensinar ao rapaz (84d).

Concluindo o interrogatório do escravo, Sócrates começa por resumir os pontos admitidos, recapitulando o esquema[76] (84d-e). Desenha então uma das diagonais do quadrado original, formando a partir dela um novo quadrado, obtido pela junção das diagonais dos quatro quadrados que formam o quadrado quádruplo (salientando sempre que cada diagonal divide em dois cada um dos quadrados originais: 84e-85a).

E chama a atenção do rapaz para o novo quadrado, inscrito no quadrado quádruplo. Sendo formado pela junção das 4 metades dos quadrados originais, a nova figura terá uma área igual à requerida: $4 \times 4/2 = 8$, ou seja, a área do buscado quadrado duplo. O escravo concorda por fim que esse quadrado se constrói sobre a diagonal, encontrando a solução para o problema (85a-b).

Vejamos agora como procede Sócrates ao longo do interrogatório. De início, convoca a atenção do escravo para a figura desenhada. Nomeia-a e enuncia algumas propriedades, que, contudo, atribui *não apenas à figura, mas ao tipo*[77] *da figura desenhada*.

---

76. Ou simplesmente traçando outro, depois de ter apagado o anterior. O que é essencial é ter em conta que ao longo de toda a investigação o recurso ao esquema desenhado é constante.

77. A transição é conseguida pela utilização da expressão "espaço deste tipo" (ou "tal como este": *toiouton chórion* 82c).

Consegue desse modo passar sutilmente do quadrado desenhado ao Quadrado[78].

A partir daqui, o interrogatório nunca mais deixará de decorrer simultaneamente em dois planos paralelos: o da inspeção do quadrado visível e o da análise do Quadrado inteligível. Todas as simples operações de comparação (pelas quais se estabelecem igualdades e desigualdades), de contagem e de cálculo dirigem-se ao visível. Pelo contrário, todas as perguntas que não podem ser respondidas operando sobre o esquema desenhado dirigem-se ao inteligível.

O rapaz chega à aporia quando esgota as possibilidades operatórias permitidas pelo esquema e pelos seus conhecimentos de cálculo, particularmente quando constata que a resposta não coincide com nenhum dos números naturais que conhece: 2, 3 ou 4. Sócrates proporciona-lhe então a *euporia*[79] com o desenho da diagonal, e a partir daí o problema acha-se resolvido.

Que foi então, perguntemos, que Sócrates *não ensinou* ao rapaz? Simplesmente, não lhe ensinou a concordar com ele! O assentimento, a força da concordância, nascida do seu consenso interior, que alimenta, suporta e é suportada pelo acordo com Sócrates, o rapaz só pode tê-los tirado de si mesmo. Como vimos atrás, é deste fato que o método retira o seu poder heurístico[80]. Mas não foi só isso que Sócrates não ensinou a ele.

O rapaz também tirou de si a compreensão de a resposta encontrada ser válida não apenas para a figura desenhada — o quadrado visível —, mas para o Quadrado inteligível! A sua resposta final dirige-se ao "espaço duplo" (85b), a um qualquer, não apenas àquele que foi desenhado, portanto ao Quadrado inteligível.

Foi essa aprendizagem — que inegavelmente o rapaz só pode ter feito por si — que se realizou através do interrogatório de Sócrates. Mas o escravo nunca poderia ter chegado a ela se, além de operar sobre o visível, não tivesse:

1) *a capacidade de assentir*;
2) *a capacidade de realizar operações sobre o sensível*;
3) *a capacidade de se elevar ao inteligível*;

---

78. Os comentadores dividem-se sobre o estatuto a atribuir a este quadrado. Para alguns (como W. D. Ross, *Plato's Theory of Ideas*, 18), tudo se passa apenas no plano empírico; para outros — é o nosso caso —, qualquer referência ao quadrado que não é o visivelmente desenhado só pode ser ao Quadrado inteligível, ou à Forma do Quadrado (doravante e no próximo tomo usaremos a maiúscula inicial para denotar a referência a uma Forma platônica). Mas a alegação de Ross deve-se à sua defesa de uma concepção genético-evolutiva da filosofia platônica, segundo a qual o filósofo vai descobrindo a sua teoria *à medida que* vai escrevendo os diálogos. Esta concepção, apesar de dominante ainda hoje, foi já superada por outras visões do platonismo, entretanto apresentadas, a mais interessante das quais será de C. H. Kahn, *Plato and the Socratic Dialogue*.

79. A "passagem" no raciocínio, que ele não conseguia encontrar.

80. Pelo contrário, note-se como Mênon, pelo fato de reduzir todas as questões a opiniões que se podem colecionar e transmitir, sem quaisquer autenticidade e critério, priva Sócrates — e priva-se a si próprio! — do seu bem mais precioso: capacidade de investigar e descobrir.

4) *a capacidade de raciocinar, movimentando-se nos dois níveis cognitivos*.

As implicações desta conclusão são imensas. Elas apontam para — implícita nestas misteriosas capacidades — toda uma região epistêmica, totalmente alheia e independente das formas e técnicas tradicionais de instrução. E é extraordinário que seja pertença do rapaz, logo de todos os homens, porque ele foi escolhido precisamente pelo fato de não ter, nem ter tido, qualquer instrução.

Chamar-lhe "compreensão", "inteligência" ou "pensamento" e defender que o método socrático "ensina a pensar" não é mais que repetir a tese da anamnese, fora da moldura religiosa e mítica em que Platão a inscreve. Da nossa perspectiva e da dele, estamos ambos a falar da mesma realidade e da mesma prática pedagógica.

O que Sócrates busca através do *elenchos* não é então mais do que a educação da inteligência[81]. As consequências desta sua atitude perante aquilo a que chamamos "ensinar" são imensas, nomeadamente a de constituir o *processo* da aquisição do saber como resultado da interação de *estados* metacognitivos, designados pelas expressões "saber que sabe", "saber que não sabe[82].

Mas há ainda que esclarecer *o que é* que se recorda. Afinal, de que "objetos" há anamnese? Esta é a pergunta — que insere o *Mênon* na problemática da reminiscência das Formas. Essa, porém, separa-se daquela que temos vindo a estudar, temática e metodologicamente afim ao grupo dos diálogos, ditos "socráticos".

---

81. Por esta razão podemos considerar o diálogo com o escravo paradigmático do *elenchos*, pois é esta mesma a finalidade última das refutações: reconstituir a unidade do "objeto" visado pela pergunta "o que é?". De resto, nos diálogos socráticos cada refutação vai tão longe quanto a definição permite. A apresentação de contraexemplos dirige-se a respostas manifestamente insatisfatórias. Mas a busca da "realidade" ou "natureza" (*ousia*) da entidade buscada (*Eut.* 11a), pelo estabelecimento da desigualdade entre os dois membros da definição, visa a essa Forma (*Eut.* 6d-e; *Mên.* 72c) una, que poderá servir de modelo ao investigador.

82. Esta mesma natureza metacognitiva na abordagem da questão do saber acha-se contemplada no princípio, assumido por Sócrates, do "Conhece-te a ti mesmo!". É capital reconhecer aqui a indicação da dimensão do conhecimento a que chamamos "reflexiva": é através da capacidade de *pensar* a informação de que se dispõe que o investigador se move no interior do saber.

Bibliografia

1. Fontes

Antifonte (DK87B44A,B: *Pap. Ox. XI*, n. 1364, Hunt).

ARISTÓTELES
The Works of Aristotle, translated into English under the editorship of W. D. Ross, I-XII, Oxford,1908-1913 (*The Complete Works of Aristotle. The Revised Oxford Translation*, I-II, Edited by J. Barnes, Princeton, 1984).

Edições comentadas e traduções:
Categories and De Interpretatione. Transl. with notes by J. L. Ackrill. Oxford, 1974.
Catégories. Trad. nouvelle et notes par J. Tricot, Paris 1966.
Prior and Posterior Analytics. Ed. with introd. and comm. by W. D. Ross. Oxford, 1949.
De l'âme. Trad. nouv. par J. Tricot, Paris, 1969.
Metaphysics, Ed. with introd. and comm. by W. D. Ross, Oxford, 1924 (1966).
Metafísica, Ed. trilingue de V. Garcia Yebra. Madrid, 1970.
La métaphysique I-II, nouvelle ed. entierement refondue, avec commentaire, par J. Tricot. Paris, 1964.
Étique a Nicomaque. Trad. nouvelle, notes par J. Tricot. Paris, 1959.

DIONÍSIO de HALICARNASSO, *De compositione verborum*, 208 ss., Reiske; tradução de Rhys ROBERTS, *On Literary Composition* XXV, London 1910.

ÉSQUILO
Ésquilo, *Oresteia*, Lisboa 1991 (Tradução de M. O. Pulquério).

PARMÊNIDES
Parmênides, *Da natureza*, Tradução, introdução, comentário e notas de J. T. Santos, São Paulo, 2003.
A. H. Coxon, *The Fragments of Parmenides*, Assen, 1986.

PLATÃO
Platonis Opera. Ed. I. Bumet. I-V, Oxford, 1900-1907.
Oeuvres complétes, I-XIV, Paris, Les Belles Lettres, 1920-1964.
Plato I-XIII, transl. by W. R. M. Lamb, H. N. Fowler, P. Shorey, R. G. Bury, Loeb Classical Library, London, Cambridge (Mass.), 1914-1935.

Traduções portuguesas:
Êutifron, Apologia de Sócrates. Críton, Trad., introd., notas e posfácio de J. T. Santos, Lisboa, 1994[4].
A República. Trad., introd. e notas de M. H. da Rocha Pereira. Lisboa, 1990[6].
Cármides, Trad., introd. e notas de F. Oliveira, Coimbra 1981.
Eutidemo, Lisboa 1999 (tradução, introdução e notas de Adriana Nogueira).
Fédon, Trad., introd. e notas de M. T. S. Azevedo, Coimbra, 1988[2].
Hípias Menor, Trad., introd. e notas de M. T. S. Azevedo, Coimbra, 1990.
Hípias Maior, Trad., introd. e notas de M. T. S. Azevedo. Coimbra, 1985.
Laques, Trad., introd. e notas de F. Oliveira. Coimbra, 1987.
Lísis, Trad., introd. e notas de F. Oliveira. Coimbra, 1980.
Ménon, Trad. e notas de E. R. Gomes, introd. de J. T. Santos, Lisboa, 1994[3].
Platão. Górgias. O Banquete. Fedro. Trad., introd. e notas de M. O. Pulquério, M. T. S. Azevedo e J. R. Ferreira. Lisboa, 1973.
Protágoras, Tradução e notas de A. E. Pinheiro, com uma "Introdução" de M. H. da Rocha Pereira, Lisboa, 1999.
Teeteto, Lisboa, 2005 (tradução de A. Nogueira e M. Boeri, "Introdução" de J. T. Santos).

Outras edições, traduções e comentários:
Protagoras, Translation with notes by C. C. W. Taylor. Oxford, 1976.
Gorgias, Transl. with notes by T. Irwin. Oxford, 1982.
Phaedo, Translation with notes by D. Gallop. Oxford, 1975.
Plato's Phaedo, Transl. and notes by D. Bostock, Oxford, 1987.
The Theaetetus of Plato, with a translation by M. J. Levett revised by M. Burnyeat. Indianapolis, 1990.
Parménide, Trad. introd. et notes par Luc Brisson, Paris, 1994.
Platone, La Repubblica I, Trad. e coment. M. Vegetti, Napoli, 1998.

TUCÍDIDES
Thucydide, *La guerre du Péloponnèse*, texte établi et traduit par J. de Romilly, R. Weil, J. Bodin, Paris.

BIBLIOGRAFIA

XENOFONTE
Xenophon, *Hellenicae*, Loeb Classical Library, London, Cambridge (Mass.), 1923, Trad. C. L. Brownson.
_____, *Memorabilia, Oeconomicus, Symposion, Apology*, Loeb Classical Library, London, Cambridge (Mass.) 1923, Trad. E. Marchant, O. J. Todd.

2. Livros

a) Índices, obras genéricas e Histórias da Filosofia

AST, L. *Lexicon platonicum, sive vocum platonicarum index* I-III, Darmstadt, 1956 (1. ed. 1835-1838).
BRANDWOOD, L. *A Word Index to Plato*. Leeds, 1976.
GUTHRIE, W. K. C. *A History of Greek Philosophy* I-VI. Cambridge, 1962-1978.
HAMMOND, N. G. L., SCULLARD, H. H. (eds.). *The Oxford Classical Dictionary*. Oxford, ²1969.
DIELS, H. KRANZ, W. *Die Fragmente der Vorskratiker*. Berlin, ⁶1954.
KIRK, G. S., RAVEN, J. E. *The Presocratic Philosophers, A Critical History with a Selection of Texts*. Cambridge, 1957.

b) Antologias e coletâneas de estudos

ADORNO, F. et. al. *Protagora, Antifonte, Posidonio, Aristotele*. Firenze, 1986.
ALLEN, R. E. (ed.). *Studies in Plato's Metaphysics*. London, 1965.
BAMBROUGH, R. *New Essays in Plato and Aristotle*. London, Henley, 1965.
BOUDOURIS, K. (ed.). *The Philosophy of Socrates*. Athens, 1991.
CHERNISS, H. *Collected Papers*, TARÁN, L. (ed.). Leiden, 1977.
GRISWOLD JR., C. L. (ed.). *Platonic Writings, Platonic Readings*. New York, London, 1988.
KRAUT, R. (ed.). *The Cambridge Companionto Plato*. Cambridge, 1992.
LEE, E. N., MOURELATOS, A. P. D., RORTY, R. M. *Exegesis and Argument. Studies in Greek Philosophy presented to Gregory Vlastos*. Assen, 1973.
MORAVCSIK, J. M. E. (ed.). *Patterns in Greek Thought*. Dordrecht, Boston, 1973.
MOURELATOS, A. P. D. (ed.). *The Presocratics. A collection of criticai essays*, Garden City, N. Y., 1974.
OWEN, G. E. L. *Logic, Science and Dialectic. Collected Papers in Greek Philosophy*. Ithaca, New York, 1986.
SANTOS, J. T. (org.), *Anamnese e saber*. Lisboa, 1999.
SHINER, R. A., KING-FARLOW, J. (eds.). *New Essays in Plato and the Pre-Socratics*. Guelph, 1976.
VLASTOS, G. (ed.). *The Philosophy of Socrates*. Garden City, New York, 1971.

_____. *Plato. A Colection of Criticai Essays*, I-II. Berryville (Virginia), 1971.
_____. *Platonic Studies*. Princeton, 1973.
_____. *Socrates. Ironist and Moral Philosopher*. Cambridge, 1991.
VOGEL, C. J. de. *Rethinking Plato and Platonism*. Leiden, 1986.
WERKMEISTER, W. H. (ed.). *Facets of Plato's Philosophy*. Assen, 1976.

c) Livros

CHANCE, T. *Plato's "Euthydemus". Analysis of What Is and Is Not Philosophy*. Berkeley/Los Angeles, 1992.
CHERNISS, H. *Aristotle's Criticism of Plato and the Academy*. Baltimore, 1944.
_____. *The Riddle of the Ancient Academy*. California U.P., 1945.
CORNFORD, F. M. *Principium Sapientiae. The Origins of Greek PhilosophicalThought*. Cambridge, 1952 (trad. port. Lisboa, 1975).
DENYER, N. *Language, Thought and Falsehood in Ancient Greek Philosophy*. London, 1990.
DODDS, E. R. *The Greeks and the Irrational*. Berkeley/Los Angeles/London, 1951.
GOLDSCHMIDT, V. *Les dialogues de Platon*. Paris, 1947.
HEGEL, G. W. *Vorlesungen über die Geschichte der Philosophie*. Ed. Garniron-Jaeschke, Hamburg, 1996.
HAVELOCK, E. A. *Preface to Plato*. Oxford, 1963.
_____. *The Greek Concept of Justice. From its Shadow in Homer to its Substance in Plato*. Cambridge (Mass.), 1978.
_____. *The Literate Revolution in Greece and its Cultural Consequences*. Princeton, 1982.
_____. *The Muse Learns to Write, Reflections on Orality and Literacy from Antiquity to the Present*. New Haven and London, 1986 (trad. port. *A Musa aprende a escrever*, Lisboa, 1995).
HAWTREY, R. S. W. *Commentary on Plato's Euthydemus*, Philadelphia, 1981.
IRWIN, T. *Plato's Moral Theory*. Oxford, 1977.
_____. *Plato' Ethics*. New York/Oxford, 1995.
KAHN, C. *Plato and the Socratic Dialogue. The Philosophical Use of a Literary Form*. Cambridge, 1996.
LLOYD, G. E. R. *Magic, Reason and Experience*. Cambridge, 1979.
LUTOSLAWSKI, W. *The Origin and Growth of Plato's Logic*. London, 1897.
PEREIRA, M. H. R. *Estudos de História da Cultura Clássica* I. Lisboa, ^{4}1975.
PRIOR, W. J. *Unity and Development in Plato's Metaphysics*. London, Sydney, 1985.
ROBINSON, R. *Plato' Earlier Dialectic*. Oxford, 1953.
ROOCHNIK, D. *The Tragedy of Reason, Toward a Platonic Conception of Logos*. London, 1991.
ROSS, W. D. *Plato's Themy of Ideas*. Oxford, 1951.
RYLE, G. *Plato's Progress*. London, 1951.
SANTAS, G. X. *Socrates. Philosophy in Plato's Early Dialogues*. London, 1979.

SANTOS, J. T. *Antes de Sócrates. Introdução ao estudo da filosofia grega*. Lisboa, ²1992.
_____. *Saber e Formas. Estudo de Filosofia da Linguagem no Êutifron de Platão*. Lisboa, 1987.
SHOREY, P. *The Unity of Plato's Thought*. Chicago, 1903.
_____. *What Plato Said*. Chicago, 1933.
SCHLEIERMACHER, L. *Platons Werke*. Berlin, 1807-1828.
SPRAGUE, R. K. *Plato's Use of Fallacy*: A study on the *Euthydemus* and some other Dialogues. London, 1962.
THESLEFF, H. *Studies in Platonic Chronology*. Helsinki, 1982.
TIGERSTEDT, E. N. *The Decline and Fall of the Neoplatonic Interpretation of Plato*. Stockholm, 1974.
_____. *Interpreting Plato*. Stockholm, 1977.

3. Artigos

DECLEVA CAIZZI, F. "Il nuovo papiro de Antifonte (POxy LII, 3647)", in ADORNO, F. et al. *Protagora, Antifonte, Posidonio, Aristotele*. Firenze, 1986, 61-69.
CHERNISS, H. "The Philosophical Economy of the Theory of Ideas", in ALLEN, R. E. [ed.]. *Studies in Plato's Metaphysics*. London, 1965, 1-12.
ROSSETTI, L. "O diálogo socrático 'aberto' e sua temporada mágica". *Hypnos* 16. São Paulo, 2006, 1-16.
RYLE, G. "Plato's Parmenides", in ALLEN, R. E. (ed.). *Studies in Plato's Metaphysics*. London, 1965, 97-148.
SANTOS, J. T. "Knowledge in Plato's Elenctic Dialogues", in BOUDOURIS, K (ed.). *The Philosophy of Socrates*. Athens, 1991, 303-307.
_____. "La struttura dialogica del *Menone*: una lettura retroattiva", in CASERTANO, G. (a cura di). *La struttura del dialogo platonico*. Napoli, 2000, 35-50.
_____. "A *Apologia de Sócrates* e o programa da filosofia platónica", *Arquipélago*, Filosofia 6. Ponta Delgada, 1998, 1-26.
SANTOS, J. T. "La manipolazione socratica di Protagora". CASERTANO, G. (a cura di). *Il Protagora di Platone: struttura e problematiche*. Napoli, 2004.
VEGETTI, M. "Trasimaco", in *Platone, La Repubblica* I. Trad. e coment. Napoli, 1998, 233-256.
VLASTOS, G. "The Socratic Elenchus", *Oxford St. In Anc. Phil.* I. Oxford, 1983, 27-58.
_____. "The Unity of the Virtues in the *Protagoras*", *Platonic Studies*. Princeton, 1981, 221-269, 427-445.
_____. "A note on 'Pauline Predications' in Plato", *Platonic Studies*. Princeton, 1981, 404-409.
_____. "Socratic Irony", in *Socrates, Ironist and Moral Philosopher*. Cambridge, 1991, 21-44.

Index Locorum

ANAXÁGORAS
59B3, 4, 5, 6, 7, 10, 11, 12 – 54

ANTIFONTE
DK87B44A,B – 84, 100

ARISTÓFANES
Nuvens – 218 ss. – 63

ARISTÓTELES
Ét. Nic. – VI, 1130a17-24 – 88
VII 3, 1146a22-27 – 55
Metafísica A6 – 35
A6, 987b15 – 21

CRÍTIAS
Sísifo – DK88B25 – 83

DIONÍSIO DE HALICARNASSO
De Compositione verborum – 208 ss., Reiske – 24

ÉSQUILO
Eumênides – 269-275 – 73

GÓRGIAS
Encômio de Helena – 21 – 37

HOMERO
Ilíada – XII, 323-328 – 66
XVIII, 98 – 66
Odisseia – XX, 475 – 73

PARMÊNIDES
B7.1 – 69
B8.25 – 70

PLATÃO
Apologia de Sócrates
18c – 56
19a-24b – 43
19c – 63
20d-e – 43, 56
21b – 44, 57
21c, d – 45
21c-22c – 44
21d – 46
21d-e – 45
22b-c – 45, 96
22c – 45, 46, 95
22c-e – 94
22d – 44, 46
22d, e – 45
22e-23a – 45
23a – 44, 45
23a, b – 44
23a-b – 14, 56
23c – 55
23c-e – 45
23c-24a – 45
26d-e – 37
28d – 66
31e-32a – 66
34b – 58
38a – 14, 46
38c – 67
38e-42a – 67
40a – 57
40a-c – 57

Cármides
159b – 76
160e – 76
161b – 76, 87
161b-162b – 51
161e-162a – 76
162e-163d – 76
163d-e – 76
165b – 76
165c – 67
165b-c – 45
165c-d – 77
166c – 45
166c-d – 45, 57
166b-e – 77
166e – 76

167b-169b – 67
169b-174c – 77
174b-d – 97
174e-175a – 97

Carta VII
343b-c – 60
344b5 – 26

Críton
44b-d – 71
44b-46a – 71
46b-48b – 71
46b-49a – 71
47b-48a – 94
48b ss. – 72
48c – 58
54b-c – 71

Eutidemo
273a – 64
273d – 63
274e – 63
275d-e – 68
275e – 63
277d-282e – 68
284c3 – 69
285a-286b – 100
287b – 100
289b-c – 97
289d-e – 98
292a-d – 97
303a-304c – 64
304c-307e – 97

Eutífron
5d – 54, 60
64-e – 54, 108
8b – 72
10a – 90
10a-11b – 48, 89
10a-c – 90
10d-11a – 90
11a – 54, 55, 108

Fédon
65a-b – 72
96a-d – 35
97b-98d – 35
97b-99c – 63

100a-102a – 34
101d-e – 31

Fedro
242b-c – 57
245c-257c – 73
274b-278e – 37
276d – 37, 39
277b-c – 37
277e-278a – 37
278c – 37

Górgias
451a-b – 95
452a – 95
453b – 95
454e-455a – 98
455d – 95
458a-b – 45, 57
459c-461b – 98
460 – 98
461b-466a – 98
462c – 98
465a – 98
466b-471d – 83, 98
469b ss. – 53
470d – 31
471d – 31
471e – 51
472a-c – 49, 60
472c ss. – 83
473a – 99
473b – 31
474a – 49, 60
474c7 – 83
475b – 83
475e-476a – 60
476a – 49
476a-478e – 98
479e – 31, 53
481b ss. – 98
482d – 99
482e-483e – 99
482e-484a – 84
483a-c – 83
483c-e – 83
483d-484c – 99
483e-484a – 83
491e-492c – 83, 99
492c – 99

494e – 99, 100
507a-c – 91, 92
508e-509a – 31, 53
509a – 26, 99
525a-526b – 103

Hípias maior
287b ss. – 54

Hípias menor
365d-369b – 51
369b-376c – 51
376b – 97

Íon
533c-535a – 45, 95
533d – 96
533d-534a – 96
534b – 95
537 – 96
537e2 – 95
538 – 96

Laques
186a-187b – 95
186b – 95
186d – 44
189b – 52
190e – 77
192a-b – 78
190b – 78
191d-192b – 54
192b-193e – 49
193d – 52
194e-195a – 78
197d – 44
198d-199a – 78
199a-e – 78
199c-e – 97

Mênon
70-80 – 32, 100
71a6 – 54
71b – 53
71b3, 5 – 54
72-76 – 101
72a-b – 54
72a-73c – 54
72c – 108
73d-76a – 54

INDEX LOCORUM

74b ss. – 54
74c ss. – 54
76c-e – 54
77b-79e – 101
77d-78a – 86
79e-80b – 101
80-82 – 32
80b4 – 54
80d6 – 54
80c – 45, 57
80d-86c – 100
80d-e – 101
82-86 – 32, 104-108
84a-d – 52, 101, 102
84b – 101
85b-86c – 102
85c-d – 61, 102
85c-86b – 61
86-90 – 32
86b-c – 14, 56, 71
86c-90b – 100
87b-c – 27, 93
87c-89a – 102
89a-b – 102
89d – 102
89d-e – 102
90-95 – 32
90b-94e – 100
95-100 – 32
95a-100c – 100
95b-96c – 102
96d-97c – 27
96e – 102
98a – 104
98b – 55
99c-d – 103
99e – 103

Parmênides
126b-127a – 37

Protágoras
310d-314c – 29
318a-319a – 91
318a-360c – 79
320c-328d – 27
329b-360c – 79
329c-d – 27, 92
329e – 92, 93, 94
329e-330b – 92

329c-334c – 79, 91
330a – 93
330c-e – 92
331a-b – 92
331c-e – 93
332b-c – 93
332c-d – 93
332d-e – 93
332e – 30
333a-b – 93
333b-c – 94
333d – 28
349b-d – 91
349d – 79
349e-351b – 52
350a – 79
350c-351b – 79
350c-352 – 86
351d – 29
352a-d – 79
352a-353b – 94
352c-d – 93
352d, e – 28
352d-e – 27
352d-358e – 79
353a-b – 28
354a-d – 28
357c – 93
359a-b – 91
359b – 79, 92
359e-360a – 79
360 ss. – 27
360a-c – 27
360e-361d – 91
361b – 91, 93
361c – 93

República
331c-d – 80
331e – 80
332d – 81
332e-336a – 81

I 337a – 45
338c – 81, 98
338d – 53
338d-e – 82
340c-341a – 82
341c-342e – 82
343c – 82, 83

343d-344a – 83
343d-344 – 82, 98
344a-c – 83
344c – 82, 83, 85
344c8-9 – 83
349e ss. – 84, 87
350c-352e – 84
352d-353e – 85, 87
354a-b – 84
354c – 53

II 357a-b – 85
357c – 85
358b-d – 85
358e – 85
359b-360d – 100
359c – 85
361a-d – 85
362e-363a – 85
364a – 85
364b-365a – 85
365d – 85
365e – 85
365e-366b – 85
369a – 86

II 369e-370c – 86
370e-376c – 86
376c – 86

III 398a – 96

IV 419a-421c – 79

IV 428b-429a – 73, 86
429e-430c – 87
431e-432a – 87
433c-d – 87
433e – 87
441d-e – 87
442c-d – 87

IV 443b-444a – 51

V 449a – 88

V 479a ss. – 28

VI 505a – 88
505d-506a – 29
507b – 29

VI 509e-510a – 28
510b – 28

VI 511b – 87
596a – 32

Sofista
251b-252e – 70

263b – 55, 59

Teeteto
142c-143b – 37
150b-151a – 58, 62
154d-e – 62
184b-186e – 33

SÓFOCLES
Antígona – 454-455 – 73

TUCÍDIDES
História II 35-46 – 31
II 37 – 73
III 35-50 – 58

XENOFONTE
Helénicas – I,7 – 58

Memoráveis – I, 11-16 – 61
I, 18 – 58

Edições Loyola
editoração impressão acabamento
Rua 1822 n° 341 – Ipiranga
04216-000 São Paulo, SP
T 55 11 3385 8500/8501, 2063 4275
www.loyola.com.br